目　录

第五章 展望·用信念承担起企业责任

尾 声

引 言

托盘，对于大多数人来说，是既陌生又似乎十分熟悉的东西。陌生是因为它很少跟我们发生直接联系，而熟悉又是因为它遍及我们经济社会生活的方方面面、角角落落。

如果换个说法，大家就会觉得耳熟能详了，那就是物流。物流与托盘的关系，打个比方，或许不是那么恰当，但足以说明它们谁也离不开谁——它们应该是机器与润滑剂的关系。尤其是现代物流，没有托盘，将寸步难行。从这个角度讲，看似不起眼的托盘所扮演的角色，无论对我们的日常生活还是对国民经济发展乃至对全球经济正常运行所起的作用，都不容小觑。

那么问题来了，这本书所要讲述的究竟是托盘还是与之相关联的托盘企业，抑或托盘人？

很显然，讲托盘，必然要讲托盘企业、托盘人，因为托盘企业，尤其托盘人，才是主导和推进托盘事业蓬勃发展的核心力量。

托盘行业门槛很低，俗称"木糊涂"——靠一把榔头两块木头就能起家。即使在传统行业里，它都被视为一项很低端的业务。

门槛越低的行业，竞争和厮杀就越激烈。在这样的行业里做企业并且把它做好、做大、做强，绝不是一件容易的事。

本书将通过讲述托盘的诞生、发展历史、发展现状，力求较系统而全面地展示这个行业的概貌，为中国托盘事业的健康发展助力，更希望对中国托盘标准化、早日与国际接轨起到促进作用。

中国有句成语，叫"一叶知秋"，就是说通过一片落叶便能知晓一个季节。同样的道理，讲清楚一个具有代表性的托盘企业的故事，也就讲清楚了中国托盘行业的故事。

《筑梦——托盘改变世界》将通过讲述中国木托盘行业最具代表性的龙头企业——上海新通联包装股份有限公司，和它的掌门人曹文洁的故事，把托盘的前世今生展现给人们。

那么，就让我们从认识新通联、认识曹文洁开始吧。

那是两年前的事，我们驱车自人民广场出发，从成都北路上高架，向北行驶 10 分钟左右，然后下高架左转到永和路，往前开百十来米的样子，就到了上海东方环球企业园，新通联总部基地就在这里。企业园内有 50 多座独栋欧式洋楼，掩映在葱茏的林木之中。

走在静谧的企业园中，很难想象 20 世纪 50 年代这一带曾是上海最热闹的大工业区，有十几家工厂日日夜夜机声隆隆。如今，许多老厂房已被推倒，开发成商业豪宅，剩下的看起来也都十分败落，人去楼空，只有环绕四周的一棵棵屹立了半个多世纪的大树，依然枝繁叶茂。它们是历史的见证者，目睹过那些厂房灯火辉煌的岁月，也陪伴它们度过了一步步走向沉寂的日子……

制造业在这里当真风光不再了吗？

2015 年 5 月 18 日，坐落于园中 15 号楼的新通联包装股份有限公司在上海证交所上市了，之后 15 个交易日新通联股票连续涨停。

一个生产木托盘和纸箱的企业，既没有 O2O 概念，也没玩"互联网 +"噱头，在外人看来传统到堪称古老，它是如何获得投资者青睐的？这是大家一直关心的问题。本书将详尽介绍新通联的发展历史，以及其掌门人曹文洁的成长经历。

在新通联总部办公楼的大门上悬挂着一幅门匾，上书"木览坊"三个大字。站在门前，我们一时无法将这幢博物馆般的建筑与一家制造企业联系在一起。董事长曹文洁从门内迎出来。她给人的印象，永远都是一副笑盈盈的样子，似乎她的世界永远都是蓝天白云、山花烂漫。然而非也，我们眼前这位温婉娴静的女士，一直在木托盘行业——这个属于男人领地的产业中求生存、图发展，最终成为霸主。一路走来，她所经历的风风雨雨、酸甜苦辣，只有她自己知道。她内心的感受，简单一句话就能够概括——往事不堪回首！

第一章　筑梦·回首来时的路

第一节　心声

　　托盘，按作用基本上可以划分为两种，其中一种就是我们日常口语中的"托盘"，即端茶送饭时放置碗盏的盘子。这种托盘在中国出现很早，古代的时候就已经有了。中国古典名著《水浒传》第二回中有这样一段描述：

　　　　宋江道："要待两位客人，未见来，你且先取一樽好酒，果品、肉食只顾卖来，鱼便不要。"酒保听了，便下楼去。少时，一托盘端上楼来，一樽蓝桥风月美酒，摆下菜蔬，时新果品、按酒，列几般肥羊、嫩鸡、酿鹅、精肉，尽使朱红盘碟。

　　文中提到的"托盘"，古时又称案、案几，即食案，是用于端茶送饭的器物，体积不大，有三条或四条腿，腿都很短。比如出自《后汉书·梁鸿传》中的成语"举案齐眉"中的"案"，指的就是托盘。原文是这样说的："为人赁春，每归，妻为具食，不敢于鸿前仰视，举案齐眉。"由此可见中国古人多么讲究礼数，夫妻间相敬如宾，妻子给丈夫送饭时都要将托盘举得跟眉毛一般高。

现在，一些酒店餐馆还会用它端酒送菜、送茶水冷饮、进行席间服务等。使用托盘不仅可以减少时间，提高工作效率，同时也体现了服务的卫生和文明礼貌，美观又大方。

尽管，托盘早在中国古代就有了，对我们来说并不陌生，但是，当我们的祖先用来端茶送饭的一样居家用品，出现在20世纪初的澳大利亚，并摇身变成体积硕大的一样器具，其意义就变得非同一般了。

这就是物流托盘，也正是本书准备大书特书的现代托盘。

到目前为止，无论国外还是国内，还没有一部专门讲述托盘、托盘人和托盘企业的书，对这一领域，人们还十分陌生。

20世纪物流产业有两大关键性创新，一是集装箱，一是托盘。一部《集装箱改变世界》（马克·莱文森　著）让人们认识了集装箱，也了解到一项技术的进步是如何改变世界经济形态的。而作为在物流产业中跟集装箱拥有同等作用和价值的托盘，在人们心目当中的地位却远不及集装箱。同样，托盘背后的托盘人和托盘企业的命运，似乎也是如此。

物流行业有 10 万亿的市场体量，5000 万物流从业者，数百万家企业，产值过百亿的企业也不少，很显然，这是一个大行业。物流业也一直是被人们广泛议论的话题。

而托盘行业呢？根据 2016 年的统计数字，全国有 1 万多家企业，近两年增长速度较快，初步统计已发展到近 3 万家企业；至于有多少从业者，说不清楚，产值 2018 年约为 1000 亿。

本书准备通过讲述一个托盘人的成长经历、一家托盘企业的发展历史，给读者展现一幅画卷。这幅画卷描绘的是中国托盘业的昨天、今天，还有充满希望的明天。

曹文洁，在中国包装行业，是一个很响亮的名字。

她是上海新通联包装股份有限公司董事长、上海总商会副会长、上海市政协委员、上海市宝山区工商联主席。

正是她，将一个员工规模不足 100 人、年销售额 800 多万元的乡镇小厂，仅用 20 年（1994—2015 年）的时间，就发展成为员工数量超过 1000 人、年销售额达到数亿元、拥有十几个生产服务基地的上市企业（截至 2019 年）。

我们还可以历数一些其他数据：中国木包装行业当中第一家从木箱向木托盘转型的企业，第一家获得 ISO 9000 认证的企业，上海木包装行业中第一家获得熏蒸许可的企业，第一家做"纸箱 + 木托盘"包装整合的企业，第一家做一站式服务的企业，第一家在主板上市的木托盘企业，全国"守合同、重信用"企业，唯一入选国家商务部和标准委"30 家中国物流标准化项目推进企业"

的木托盘生产企业，还被授予了"全国五一劳动奖状"。

这一系列的成功背后，隐藏着一个又一个"命悬一线"的抉择。在那些"一念天堂，一念地狱"的关键决策点上，曹文洁如果选了另一条路，无论是新通联的今天，还是她本人的命运，可能就成了另外一副样子。或者说，新通联就不会有今天，未来也就无从谈起了。

当初为什么放弃高利润的木箱制造而向木托盘转型？为什么力排众议做 ISO 9000 认证？为什么不惜成本去争取谁也不要的熏蒸许可？为什么就算经受脱胎换骨之痛也要拿下某个苛刻客户的订单？为什么不怕烦琐为客户提供一站式服务？为什么资金充裕却还要融资上市？为什么要推进中国的木托盘标准化进程？

……

对于这一系列的"为什么"背后的那个谜团，曹文洁曾用两个字给过答复。有人问她，到底是什么指引她和她的企业在纷乱的商业世界里辨明方向，每每踏准节奏？

她回答说，是心声。

托盘的前世今生

托盘，作为一样物流器具，经历了雏形、不断完善、成型的过程。我们现在看到和使用的托盘，最初只是一个托架，经过近 100 年的改进，最后演变成今天的模样。

根据英国人的说法，叉车出现的时间大概是 1915 年，而美国资料记载，叉车在市场上销售是 1930 年前后的事儿。不管怎么说，叉车是在 20 世纪初出现的，这一点应该确定无误。早期的叉车起升高度很小，并且采用实心的轮胎，使用的场所和用途都有限。到了 1943 年，装有充气轮胎、起升高度达到 5 米的叉车问世，装卸搬运等作业性能也有了显著提高。这个时候，之前的那种托架已无法适应叉车作业的需要。于是托架逐渐被淘汰，取而代之的是经过不断改造的适合叉车作业的托盘，即现代托盘。

从"托架"到"托盘"，从一种水平装置、可移动的地面、活动的货台，到连接运输、仓储、包装、装卸、搬运、流通加工、配送等物流各环节的桥梁和纽带，成为确保物流全过程顺畅、贯通的重要组成要素，托盘跃上了一个新的台阶。

大多数托盘方面的专家认为，是先有了叉车而后才有了托盘。然而，基于更常见的解释（如美国在线词典 Dictionary.com 上的注释），我们也可以说托盘是先于叉车出现在历史上的。

其实，先有叉车还是先有托盘这件事，就跟"先有鸡还是先有蛋"的争论一样，争论本身没有多大意义，托盘与叉车的共同存在才是关键。因为有了叉车，托盘好像长了翅膀，也因为有了托盘，叉车变得无所不能，它们因为彼此的存在而变得更有意义和价值。

实际上，托盘最初应用范围不大，局限于工厂、码头、火车站等场所的装卸搬运作业。托盘因为省事、省力、高效而备受欢迎，不管是什么货物，无论货物的外形、尺寸、性质是什么样的，一旦将它们置于托盘之上，运输就变得十分简单了，剩下的工作交给叉车完成即可。由叉车来装卸搬运，不仅作业效率大幅提高，还能让工人们从重体力劳动中解脱出来。

后来，人们在使用过程中发现，托盘的利用并不局限在装卸搬运方面，它在仓储和运输等作业环节中也能发挥显著作用，尤其在 20 世纪 40 年代初的第二次世界大战期间，托盘发挥了不可估量的作用。由此，确立了它在产业中的地位和影响，以托盘为基础的集装单元化原则也应运而生。

现代托盘出现之前，装卸货物全靠人力，不仅费工夫，效率也非常低。第二次世界大战期间，美国国内加速军需生产，各个港口到处都是堆积如山的货物，运输船上的装卸作业成了最大难题，拖延了军需物资按计划送往世界各地战场的时间。在分秒必争的战争中，时间和效率更是决定战争成败的关键。

第二次世界大战期间还发生过这样一件事情。有一批军火从美国运到了欧洲战场，当中有100多挺机关枪。为了运输方便，这些机关枪上船之前被分解了，变成了零部件，枪管和其他零件如弹夹、瞄准具、枪托等，都分别装在不同的盒子里。当这批机关枪分发到部队，开始重新组装时，发现零件少了，每挺机关枪都缺一颗螺丝。显然，装螺丝的盒子没有运来，不知道落在了什么地方，或是跟其他武器送到别处去了。结果，这100多挺机枪全都不能正常使用。螺丝虽小，但非常重要，少了它，这挺机关枪也就等同于一根铁棍，没啥用处。

搁到整个欧洲战场，这样的小事简直不值一提，它对战争局势也不会有什么影响。但是，对于一支部队，这些机关枪却至关重要，甚至关乎士兵们的生死存亡。从这个意义上讲，教训是非常惨痛的。

可以肯定，这样的事情不止一件。

这时候托盘出现了，它首先解决的是军需物资装卸的效率问题，同时也解决了诸如机关枪这类需要分解运输的精密机械的零件丢失问题。因为，托盘出现之后，为了便于装卸和运输，武器拆解之后所有零件都会集中装在一个箱子里，然后放到托盘上面，这样就不会出现零件走散或丢失的事情了。枪械运送到战场，再组装时，所有零件都在一个箱子里，不用到处去找。

还有其他军需物资，比如食品、药品等，也是在工厂里打包完成之后直接装到托盘上，然后出厂运往码头，原封不动地用叉车、吊车卸车装船，运往战场。如此这般，不仅提高了军需物资供应的效率，同时也保证了物品的安全。可以说，托盘的出现解决了长期困扰物流行业的一个难题。

在第二次世界大战过程中，托盘所起的作用比我们想象的重要得多，它加快了战争走向胜利的步伐，同时迈出了改变世界的第一步。

我们认为，现代托盘的发祥地是澳大利亚，但托盘在企业间流通则源于美国。

20 世纪 30 年代，太平洋战争爆发，美国军队第一次使用托盘运输军需物资，极大地改善了货物的搬运效率，保证了后勤物资供应。

1946 年，澳大利亚政府建立了联邦搬运设备共用系统，标准托盘的使用率高达 95%。澳大利亚是世界上标准化托盘使用比例最高的国家，而且，它还拥有南半球最大的托盘共用系统。托盘在世界各国得到广泛推广和应用，澳大利亚功不可没。

在欧洲，瑞典于 1947 年建起了托盘联营系统，它是欧洲最早实行托盘流通的国家；其后是瑞士，于 1951 年也成功建起了托盘联营系统。

瑞典和瑞士两国的经验不断被欧洲其他国家借鉴推广，法国、德国等都相继组建起了各自国内的托盘联营系统。

第二次世界大战中由美国军队开发出来的这种托盘搬运方式，战后被欧洲产业界作为经济战线上的新武器，推广到了全世界。

中国改革开放初期，社会上流行着一句口号："时间就是金钱，效率就是生命。"这句现在看来稀松平常的话语，对当时的中国社会产生了非常大的影响，甚至可以这样讲，正是这句口号，使中国得以摆脱计划经济的束缚，大踏步迈向了市场经济新时代。

托盘在第二次世界大战中的意义和价值，某种程度上比得上"时间就是金钱，效率就是生命"在中国经济发展中所起的作用。

第二节　新通联的前世

20世纪70年代，上海宝山区庙行镇大康村还是沪郊一个很不起眼的小村庄，村子毗邻市区闸北。

清乾隆《宝山县志》记载，本地有座泗漕庙（抗日战争期间被毁），香火很旺，庙旁有一个村庄，进出村庄的巷子叫"庙巷"。1932年"一·二八"淞沪会战爆发，十九路军在庙巷浴血抗战，阻击三万日军进攻，战地记者将此役误写成"庙行大捷"（"巷"与"行"，沪语同音），从此庙巷变成了"庙行"，沿用至今。

庙行历史上是一个纯农业地区，大康村跟沪郊的许多村子一样，人多地少，靠土地只能够勉强解决温饱问题，其他就别指望了，走向富足更是不可能完成的任务。

当时农村属于集体制，集体劳动平均分配。村民们如果想多劳多得，也只能在参加完集体劳动之余，在自家自留地上打主意，种些菜或养些鸡鸭，拿到市里去卖，增加收入，改善生活。

在曹文洁心目当中，妈妈是村里最能干的人。无论是种菜还是养鸡，她都是一把好手，而且很会做生意，这一点应该是天生的。妈妈每次去市场推销自家的蔬菜和鸡蛋，一点都不费劲，别人的小摊还没摆好，她的菜篮子和鸡蛋筐子就已经卖空了。

从小时候开始，曹文洁就受到爸爸妈妈的影响，看着他们没日没夜地忙活，自己也想搭把手。她那时候还没上学，一边照顾弟弟一边帮妈妈做些力所能及的事，给菜地浇水、喂鸡什么的。

父母的言传身教，会影响孩子的一生。妈妈是个乐观开朗的人，从不抱怨、从不叫苦，用勤劳的双手一天天一年年改变着生活的面貌。曹文洁幼小的心灵里早已播下了勤劳的种子，她要像爸爸妈妈一样，用自己的勤奋和努力，改变生活、改变命运，甚至改变世界。

20 世纪七八十年代，是中国农村变化最剧烈的时期，中央出台了一系列政策，鼓励发展多种所有制经济，大力推进农村家庭联产承包责任制。说得夸张一点，这一举措使有限的土地，发挥出了无限的作用，让农民有更多东西拿到集市上去买卖。就在这一时期，庙行镇大康村出现了最初的产业——"菜篮子"产业。大康村率先创办了养鸡厂、养猪场和养牛厂。

20 世纪 80 年代，庙行是上海十大"菜篮子工程"基地之一，有万猪场、万鸡场、养牛场等，禽蛋奶三项农副产品上市量位于全上海各乡镇之首，大康村也成了享誉上海的富裕村。

养殖业使大康村人富了起来。但是，随之而来的环境问题也开始困扰大康村人。

农村经济要发展，村民生活要富裕，但是不能以污染环境、影响村民健康为代价。在大康村养殖业最红火的时候，曹文洁父母就开始跟村干部们一起商讨，希望找到新的道路发展农村经济。

当时，上海是中国制造业的中心，大家熟悉的凤凰牌自行车、上海牌手表、大白兔奶糖等，都是在上海生产的。以前中国老百姓都以拥有上海生产的产品为荣，因为过去几十年，上海生产的产品一直代表着中国产品最高的质量，是"品质、时尚"的代名词。背靠这样的资源，开办机械加工厂一定是不错的主意。1982 年，曹文洁的父母与上海东方压缩机厂建立了业务联系，开办了大康村压缩机厂。

大康村压缩机厂成立以后，干得风生水起，起名"通联压缩机厂"，1988 年利润就达到了五六百万元，在整个宝山区声名鹊起。在曹文洁父母的努力下，通联压缩机厂发展很快，陆续成立了七个分厂，其中之一就是通联木器厂。通联木器厂就是现在的上海新通联包装股份有限公司的前身。当时木器厂的主要业务是为压缩机厂提供配套服务，制作木箱。

20 世纪七八十年代，大康村只是一个很小的村子，位置偏远，村边上还有一大片墓地。说实话，你很难把这样一个沪郊小村跟大上海联系起来。那个时候，村民出行很不方便，出租车都不愿意到村里去，嫌远。

通联木器厂的工人们回忆起当年的情景，都感慨万分。当时的木器厂，何止是简陋啊！厂房就是在一个大院子里搭了一个木棚子，木棚子四处透风，顶子跟没有差不多，外面下雨，里头也照样下雨，跟露天没啥分别。这就是最初的通联木器厂，在一个木棚子下面装了几台锯木机，工人们锯木头的锯木头、钉木箱的钉木箱，干得热火朝天。

当时，通联木器厂就在共康路上。共康路成了木器厂的原料场，从湛江、赣州等地买来的马尾松就堆放在马路边上，用的时候才一根一根拉进厂里。大康村民风纯朴，没有人去动那些堆放在路边的松木。

共康路有一座桥，桥东是曹文洁父亲的通联压缩机厂，桥西是曹文洁叔叔开办的铸造厂，专门做水泵阀门。两家工厂坐落在共康路两边，给这条昔日冷僻的马路增色不少，也是村里人关注的重点，因为村里 60% ~ 70% 的村民都在这两家工厂上班。

20 世纪 90 年代，中国大陆掀起了"下海潮"，那时候很多行业都处于空白状态，竞争压力小，创业成本也很低，使一大批"下海人"尝到了甜头，成为先富起来的人群。创业成为那个时代的鲜明特征，极大地推动了民营经济的蓬勃发展。

不久后，通联木器厂换了一个厂长，企业开始有了盈利，不过这第二任厂长也没干几年，就辞职了。他自己另起炉灶开办了一家木箱厂。

厂长走了，木器厂没有了主事的人，曹文洁的父亲只好让在压缩机厂工作的妻子出马，负责管理木器厂。

其实，通联压缩机厂的业务基本上都是曹文洁母亲跑来的，她非常能干。她和丈夫是一对理想的搭档，一个主内一个主外，配合默契，把压缩机厂的业务做得风生水起。

接手木器厂之后，曹文洁母亲的管理才能一下显露出来，她很快理顺了厂里的工作，还把木器厂从原来的老车间搬到共康路901号。当时全厂有100多名员工，一年销售额能做到800多万，在上海包装行业也算中等偏上的企业。就这样，曹文洁母亲靠自己的努力，把一个默默无闻的乡镇小厂发展成了在木制品行业当中小有名气的正规工厂。

在父辈们的努力下，大康村发生了翻天覆地的变化。当时还在读小学的曹文洁不会明白，村子里的变化正是中国一个轰轰烈烈时代的开始。中国人在经历长期的路线之争后，终于找到了正确的方向，走上了通往幸福和富强的道路。懵懂中，在田野里赤脚奔跑、跟随父母为改变命运而不断探索的少年，注定也将成为这伟大时代的一员。

第三节　孩提时代的梦想

1970年1月1日，中央两报一刊发表题为《迎接伟大的七十年代》的元旦社论。社论提出要把"自力更生""艰苦奋斗"的方针落实到每一个省、每一个县、每一个基层单位、每一项事业。

就在这一年，曹文洁出生在大康村一个普通的村民家里。她是幸福的，也是幸运的，因为她有一个和睦的家庭，有一双勤劳智慧的父母。尽管她出生在"文革"时期，但时代的偏执似乎与她没有丝毫关系，从小父母就对她寄予了文章隽秀、品性高洁的期望，于是给她取了"文洁"这样一个与时代格格不入的名字。这也正好体现了曹文洁父母内心那份不浊于世的良知。

小时候，文洁是一个安静、害羞的小女孩儿，好静不好动。她弟弟也一样，相比别人家的男孩子，他算很老实了。父亲为了激发他们内心的活力，培养他们吃苦、坚毅的性格，特意为他们请了一位武术师傅，教他们学习武术。

当时文洁只有 7 岁，弟弟只有 5 岁。每天天刚蒙蒙亮，父亲就把他们拎起来，送到师傅家，师父就开始训练他们翻跟斗、打少林拳。

1978 年，曹文洁开始上小学，因为练过武术，她身体素质很好，被少体校老师相中，进了少体校。当时她是少体校里年龄最小的，其他孩子都是初中生，她才小学三年级。那时候父亲鼓励她参加各种比赛，至于胜负，并不去计较，重在参与，重在培养她积极向上的拼搏精神。

文洁天生就是一个运动员，天赋好，身体素质也棒。1982 年小学毕业，她被直接送进了上海体育宫女子柔道队，一边读书一边参加训练。

记得有一次，老师安排她跟一个又高又壮的同学一起实战训练，一开始她落了下风，人家很轻易就能把她按倒在地。她不服气，逮着那个同学不放，一遍遍地摔，一遍遍地输，摔到最后，那个同学实在坚持不下去了，躺那儿不起来主动认了输。她人小志不小，性格刚毅，很快就在柔道队里脱颖而出，成为上海市少年柔道选手中的佼佼者。

一个十二三岁的花季女孩儿，正是需要父母呵护关爱的年岁，她却每天起早贪黑在训练场上摸爬滚打。父亲深知，"吃得苦中苦，方为人上人"，温室中培养不出参天大树，要想让孩子成为有用之才，就必须培养他们吃苦耐劳的品质。

看着孩子身上训练留下的淤青，父亲疼在心里，但面上总是表现得若无其事，依然鼓励她坚持训练，成为一名好运动员。父亲经常对她说："比赛胜负不重要，重要的是一定要有不服输的精神。"

在文洁心目当中，父母就是她最好的榜样。无论做什么事，面对的困难有多大，一定要坚持做下去，绝不退缩；无论身处怎样的逆境，追求信念和梦想的决心不能动摇。

从文洁小时候开始，父母就一直身体力行，教她做事和做人。

曹文洁是幸运的，她赶上了中国改革开放这个非常好的时代。她是真正意义上的"创二代"，父母白手起家创办企业，并且获得了成功。

曹文洁还有一个小她两岁的弟弟。她和弟弟，不管怎么说，都算得上是"富二代"了。但是，他们的父母从未让他们享受过富足的物质生活，姐弟俩的境遇，更是跟"富二代"毫不相干。

跟大多数父母不同，文洁父母对孩子的教育有着自己的想法，绝不随大溜。在中国，大多数家长看重和关心的是孩子的学习，只要学习成绩好，每门功课都能考一个好分数，他们就心满意足了，而其他方面，比如孩子的品格、思维方式、身体素质、意志力等等，在他们看来都无关紧要。

可是，文洁父母真正关注的不是孩子的文化课学习，更不是考试成绩，他们注重的正是被大多数家长忽视了的做事方式和做人原则。他们觉得，相比在学校的文化课学习和考试成绩，品格、思维方式、意志力等对于一个孩子的长成更加重要。这也正是父亲狠心把只有 7 岁的文洁和 5 岁的弟弟送去练武的原因。平时，在家里，母亲还要教她和弟弟学着做饭、做家务，有意识地锻炼他们的动手能力。相比同龄的孩子，她和弟弟都很独立，自己能做的事儿，一般都不会求别人帮忙。

回想过去，文洁的少年时代过得艰苦却充实。

1983 年，那时候文洁刚上初中，中国有一部电影创造了万人空巷的神话，那就是李连杰主演的《少林寺》。电影是最早用数据衡量的行业，而这个标准就是门票。一张门票就是一个人次，简单地加法运算后，就得出了这部影片用数字缔造的影响力。

在当时，《少林寺》创造了五亿人次观看的辉煌。

无论是"少林啊少林……"的配曲，还是李连杰帅气的扮相，都成为传唱一个时代的偶像元素。这部电影，文洁看了三四遍，电影里的每一个故事情节，还有李连杰扮演的那个武功高强、匡扶正义的武僧的形象，都深深印刻在她脑海里。

后来，她又从同学那儿借了一本《萍踪侠影录》，晚上一个人躲在屋子里读得如痴如醉。

《萍踪侠影录》是梁羽生武侠小说的扛鼎之作，写得十分精彩。小说中的女侠云蕾成了文洁心目中的女神。

女侠云蕾是出使瓦剌的明朝大臣云靖的孙女。云靖被扣留在极北苦寒之地牧马二十年，受尽折磨，好不容易带着七岁的孙女云蕾逃回雁门关，儿子云澄却在抵挡追兵时身负重伤坠下悬崖，他自己也被明朝的皇帝下毒赐死。临终之际，他向侠士谢天华托孤，并嘱血书要云蕾长大后向扣留他的瓦剌右丞相张宗周复仇。谢天华将云蕾托付给师妹飞天龙女叶盈盈抚养。十年之后，云蕾艺成出师，武功非凡，她女扮男装上京师打听爷爷屈死的真相并寻访失散多年的哥哥云重。途中结识了一位貌似穷酸书生，实为武林高手的青年侠士张丹枫。

小说将张丹枫与女侠云蕾的爱情波折，有机地与家国命运交织在一起，深沉蕴藉，凄婉动人。

……

那是她头一回读武侠小说，读得太投入了，不知不觉把自己融入了小说故事里。她与故事里的女侠云蕾同悲共喜，也开始幻想自己能够像云蕾那样，穿花绕树，仗剑天涯，成为一个武艺高强、威震四海的女侠。

可现实与梦想往往是矛盾的。

那个时候文洁已经被选入上海女子柔道队。

一个是小说里的女侠，一个是生活中的女运动员；一个是梦想，一个是现实。文洁的内心是矛盾的，她第一次深切地感受到现实生活的残酷，这种残酷在她这儿更多体现在精神世界里，而肉体上的摸爬滚打早已不算什么了。

显然，女侠她是当不成了，不过她可以退而求其次，让自己成为一个……

20 世纪 80 年代初，全中国人民都是中国女排的粉丝，文洁也不例外。中国女排队员们成了她的榜样，她梦想有朝一日自己也能像女排队员们一样，代表国家去参加国际柔道比赛，战胜所有对手，站到领奖台上，听国歌奏响，让五星红旗高高飘扬在赛场上空。

可现实再一次告诉她，梦想是多么脆弱，多么不堪一击。至少在那个时候，面对自己的境遇和命运，她内心的感受就是这样。

按照小学和初中的成长轨迹，初中毕业后文洁应该进入专业柔道队继续柔道训练。以她在少年组比赛中取得的骄人战绩，谁都相信她一定能够成为上海乃至全中国的一名优秀运动员。

然而，文洁想成为一名女柔道队员代表中国去参加国际比赛、去冲击奖牌的梦想，在她初中毕业那年被父亲无情地打碎了。父亲替她做了一个 99.99% 的家长都不会做的决定。

父亲不让文洁上高中继续念书了，让她去工厂当工人。

第四节　小女工 卡车司机 小白领

20世纪80年代初，这是中华人民共和国成立以来的一段堪称"万般皆下品，唯有读书高"的时期。有部叫《莫让年华付水流》的纪录片可以作证。这部纪录片由中央新闻纪录电影制片厂拍摄，随着电影的热播，影片的插曲也红遍了大江南北，激励了当年改革开放后的整整一代年轻人。

《莫让年华付水流》反映的是上海青年人的生活动态和精神风貌，形象真实生动，引人深思，催人奋进。影片选取了当年上海市十位身处逆境、奋发向上的青年，他们中有工厂工人、医院杂工、公共汽车司机、动物园饲养员、舞蹈演员和知识分子……理想主义的光辉在他们的生命中闪耀。

青春的脚步，似行云流水，生活的道路，靠自己采寻，莫叹息、莫停留，莫让年华付水流。

《莫让年华付水流》的岁月虽是昨日的记忆，但它成为80年代的时代缩影。影片中的每个人都无比渴望读书，渴望上大学，渴望通过努力实现自己的梦想，就如同电影插曲里唱的那样：

……莫让年华付水流，啊年轻的朋友，青春的心愿，在太空遨游，青春的旋律，为你响在心头，要思考，要奋斗，攀登那巍峨的山峰，穿过那茫茫的丛林，迎接阳光灿烂……

那时的家长，哪怕家境再窘迫，都会竭尽全力让孩子考学，大学进不了，进大专或电大；大专、电大进不了，进中专也行；中专进不了，还有技工学校；这些都进不了，还有夜大。总之，好歹得有个文凭。

可是文洁的父亲却让女儿辍学进工厂，难道是想让她挣钱帮衬家里吗？当然不是了，文洁父母那时各自经营一家企业，尤其是父亲的压缩机厂，年利润可达五六百万元，母亲经营的木器厂，年营业额也有好几十万元。

文洁父亲的想法很简单，他希望女儿在劳动中锻炼品格，在实践中积累知识掌握本领，学会跟人相处、跟人合作以及帮助别人。

现在回过头去看文洁父亲当时的做法，是与德国双元制教育理念不谋而合的，但当时的确显得有些不近情理。文洁心里是想不通的，她不理解父亲为什么会这样对自己。不过，她是这个传统家庭的长女，在父母面前一直是上海人说的那种"乖囡囡"，所以，尽管她不情愿，最后还是顺从了父母的决定，去了父亲的通联压缩机厂。

一进工厂，她就被安排到了生产第一线，从一个车床工做起，从学习最基本的车、钳、刨等技术开始。她是老板的女儿，但是没有任何不同于一般工人的特别待遇，一样三班倒。

文洁操纵的车床是 630 型号的，在一个小女孩儿面前，这台机器显得无比庞大，像一只温顺的小猫站在狮子面前一样，形成了鲜明对比。不仅如此，车间里到处都是铁屑，空气中弥漫着机油的味道，每天下班回家，鼻孔里是黑的，脸上也是一层灰。钻进指甲缝里的黑油永远也洗不干净，像是渗进肉里去了。

这个工作，她一干就是一年半。

初中毕业时，文洁满脑子装的都是对中国冠军、世界冠军的憧憬，然而现实却给了她当头一棒。16 岁的年纪，正值花样年华，却在父亲的工厂里做学徒，这在旁人看来是不可理解的。一个充满希望的体育苗子，一个应该在学校里上学的孩子，却要到工厂做又脏又累的机床工人。那段时间，别人不理解，文洁也想不通，满心委屈和不满全都写在脸上。父亲看在眼里，但他不为所动，也不予解释。工厂里的同事却在背后悄悄议论："她是厂长的女儿，到车间还不是做做样子。""看着吧，过不了几天，就另就高位去了。"

工友们的话传到文洁耳朵里，反而激起了她心里那股不服输的劲："你们说我做不来，我偏做给你们看。"

　　她拿出柔道训练时的那股犟劲，抢着做别人不愿做的又重又难、工效又低的活儿；主动找老师傅学习，自己拆装机器、上夹头；一样参与三班倒，按计件拿工资。她一个女孩子，干的活儿顶上两个小伙子。渐渐地，工人们说闲话的少了，佩服她的多了。他们对于这个没架子、能吃苦、做活又快的小女工，开始另眼相看，也忘记了她厂长女儿的身份，和她成了无话不说的朋友。

　　这段一线的工作经历，也成了文洁最宝贵的财富。与一线员工零距离相处，让她了解了他们的想法、心态和需要。也正是这种了解，促成了后来新通联以"爱己达人、共生共修"为内涵的企业文化的生成。没有共同的经历与体验，是难以真正理解他人内心需求的，也很难谈得上真正的共同成长。

　　16岁的花季少女，开心和郁闷都是一忽儿。想想自己从此再也不用像同龄人一样苦哈哈地应付各门考试了，文洁一下子觉得好轻松。哪知道她的"人生大考"才刚拉开序幕，而她的第一个考官就是她的父亲。

　　一线工作是辛苦的，但这还不够，对文洁来说，真正的考验还在后头。

　　跟车床打了一年半的交道，文洁渐渐爱上了这台庞大的机器，成了一名熟练的车床工。这个时候父亲对她又做了新的安排，让她去学开车。那年她才18岁。

　　经过一段时间的学习，文洁拿到了驾驶证。

文洁成为货车司机的第一趟差事就是跑长途，去宁波送货。父亲给了她一张地图，在地图上简单标明了上海至宁波的路线。就这样，她开着一辆老解放车，带着一名装卸工人，拉着满满一车厂里生产的压缩机，一路颠簸赶往宁波。

那时候从上海到宁波必须绕道杭州，要跑300多公里的路，路况还很差，基本上都是石子路。文洁手里就一张地图，地图只能帮她指明一个大概路线，为了避免跑冤枉路，她总是跑跑停停，找人问路，问了不下20次。还好，那个年代路上还没有"职业带路人"，不然这一路不知道要花多少带路钱。

从宁波送货回来，父亲对文洁提出了更高的要求，不仅让她记住全国各省市的主要道路，还要摸清楚基本路况。至于上海的路，包括市郊公路和市区马路，必须熟悉到如数家珍。

父亲对文洁训话道："一个卡车司机，如果路都记不住，还开什么车！"

那时候的卡车，条件都很差，驾驶室到处透风，冬天冷得像冰窖，夏天热得像蒸笼。开卡车跑长途，别说一个女孩子，就是身强力壮的男人，也常叫苦，喊吃不消。

然而，文洁要面对的不只是职业的艰苦，还有货场这个特殊环境中的"江湖帮"。在文洁眼里，货场是一个充满算计争抢、恃强凌弱的社会一角，在这个社会角落里天天上演着各种闹剧，车辆卡位、占道、争抢平台等，好像人与人之间只有争和抢，没有其他，至于她在工厂里感受到的那种真诚、友善、宽容，好像都是属于另一个社会的产物。

作为一个刚刚步入社会的 18 岁女孩儿，社会现实告诉她的第一件事，就是任何事物都有它的两面性，一面是正面、充满阳光，另一面是反面、充斥着阴暗。

或许是打小习武练柔道的缘故，文洁的性格柔中带刚，遇事不急不躁，能够做到冷静处置。面对职业的艰苦和货场的阴暗，文洁没有退缩半步，她很自信，相信自己能够做好。她苦练驾驶技术，泊边不留缝，卡位稳准狠；对待"老码头"也不卑不亢。就这样，逐渐地，她在货场通行无阻，来了就能卸货。别人一天只能跑两趟，她却能跑四趟。

货运司机跑夜路是常有的事，特别是往浙江南部送货，大多是崎岖的山路。一个如花似玉的女孩儿半夜三更开辆卡车在山道上盘旋，谁听了都为她捏把汗，可她自己却一点儿也不在乎，跑得老开心了。每次外出送货，她都觉得自己像个行走江湖的女侠。也是，她有一身武艺，正愁遇不到除暴安良的机会呢。

孩子总是没心没肺，而父母却不然。文洁每次外出送货，父母的心都是悬着的，只是嘴上不说罢了。有一回她去浙江送货，回到家已经是下半夜了，父母都还没睡，两个人坐门口等她呢。这一幕深深印刻在她脑海里，成为永远的记忆。在后来的日子里，她每每想起那一幕，总是热泪盈眶。

卡车司机的工作文洁干了一年多，这一年多对她来说是一种考验。在未来的日子里，这段经历给予了她很多帮助，多到让她足以应对任何一项工作的挑战。同时，这一年多对她父母来说也是一种考验，考验的是他们对自己的女儿到底能够放手到什么程度。

就像一本书里写的故事一样：一个猎人打算考验自己的儿子，于是叫他去山里抓只野兔回来，儿子出去半天，抓了一只野兔回来。过了两天，猎人问儿子敢不敢抓野猪，儿子啥也没说就出门了，过了两天，儿子回家了，身上还有伤，显然跟什么东西搏斗过。猎人问儿子究竟，儿子抬手朝门口的马指了指，马背上驮着一头野猪。儿子问猎人父亲，还需要他抓什么猎物。猎人朝儿子摆了摆手，说什么也不需要了，一个敢单枪匹马去抓野猪的人，什么也阻挡不了他了。

文洁父亲就像那个猎人，他让女儿下工厂当车床工，又叫女儿去做卡车司机。如果这些都算他的考验的话，女儿的成绩应该是合格的，没让他失望。

苦吃过了，这种硬碰硬的苦，对文洁来说似乎不算什么。父亲也许觉得这种考验可以告一段落了，于是换了一项全新的内容——让她去学财务。

干了几年硬碰硬的体力活儿，再让她坐下来学什么东西，好像不是一件容易的事。刚开始，她实在坐不住，更别说静下心来看书学习了。再说财务这东西，不是数据就是表格啥的，枯燥乏味，很难让人产生兴趣。

文洁好像习惯了父亲的安排，既然父亲安排了，她就要按照父亲的意思去做，不去想自己喜不喜欢、愿不愿意。讲到这儿，或许有人质疑，对父亲的安排她总是依着，让做什么她就去做，从不反抗，那她没有自己的想法吗？

开始的时候，她年纪小，确实没有自己的想法，但是，等到慢慢长大，翅膀长硬了，她的想法和主见比父亲都多。当然，这是后话了。现在，我们还是回到学习财务这件事上来。对大多数人来说，财务是一个枯燥乏味的行当，别说学财务了，就是看财务报表都是一种折磨。可是，文洁学出来了，不管是不是硬着头皮学的，反正她拿到了会计证。不管厂里的工友，还是村里的乡亲，对文洁的能力一点都不怀疑，好像她做什么都没问题，什么事都能做成。

她被大康村村委会招去当了会计，那一年，她十九岁。从一名卡车司机华丽转身为一个"小白领"。她在工作中边学边干，成了一名合格的会计。

接下来的时光，属于文洁自己，"小白领"朝九晚五的日子也算安逸。父亲也日复一日忙着自己厂里的事务，没再给她出什么新的"考题"。她开始像其他同龄女孩子一样，在大人们的安排下，相亲、结婚、生子。有那么一段时间，她内心里好似一汪平静的湖水，可以清晰地看到映在湖里的天空。那时，她以为今后的日子就会这样不疾不徐地过下去了呢。

第五节　接过母亲的班

那是 1994 年的事，庙行镇突然决定把文洁的母亲调去搞房地产开发，她负责的通联木器厂急需一位新厂长。

村委会开会讨论厂长人选，当时有两个候选人，这两个人都是文洁母亲一手培养起来的，他们在厂里一个负责营销一个负责生产。当时厂长位置虚位以待，他们是老厂长身边的人，对厂里的情况也熟悉，所以都有意愿接管木器厂，两个人开始你争我斗，谁也不买谁的账。村委会也是举棋不定，不知道怎么办好。这个时候村支书说话了：你们谁也别争了，袁厂长女儿不是在村委会做财务吗？就让她去接母亲的班，做厂长好了。

就这样，村支书一句话，24 岁的曹文洁，女承母业，当上了通联木器厂的厂长。从建厂开始算起，她是这个厂子的第四任厂长了。

村支书的这个决定并非"乱点鸳鸯谱"，他是看着文洁一年年成长起来的，对她的情况了如指掌。她虽然很年轻，只有24岁，但已经有八年的一线工作经历了，当过车工、钳工、刨工，也做过卡车司机，还当过"小白领"，干过财务工作，对工厂车间里的一切都很熟悉，也知道如何与员工打交道。更重要的是，她从父母那里学到不少经营之道。

一切仿佛天注定，年轻的文洁接过母亲的接力棒，当起了通联木器厂的厂长。

不过，事情并没完，接任木器厂厂长一职只是一个开始，更大的考验还在后头呢。做厂长之后她接受的第一项任务，不是生产任务，而是学习任务。一只脚才迈进木器厂的大门，另一只脚却又要迈进学校的大门。在离开校门八年之后，文洁在父母的安排下，再一次回到学校，成了上海大学的一名学生。

从16岁走出校门到24岁再一次走进校门，这八年里她所经历的一切，对于她的同龄人、她的同学们来说，都是陌生而遥远的。她吃过苦，所以格外珍惜这得来不易的学习机会，她懂得能够在大学里安心学习是怎样一种奢侈。

从此开始，她的求学之路再没中断过，交大、复旦、清华、中欧国际工商学院等学府，都留下了她求学的身影。直到现在，她每年都会抽出时间去听课，从未间断。

回想自己的成长经历，文洁说，就如阳明先生所述："譬之金之在冶，经烈焰，受钳锤，当此之时，为金者甚苦。然自他人视之，方喜金之益精炼，而惟恐火力锤煅之不至。既其出冶，金亦自喜其挫折煅炼之有成矣。"

那是她接任木器厂厂长前不久的事儿，一天夜里她做了一个梦，梦见自己穿了一身蓝色的衣裳，特别漂亮，母亲站在一旁帮她整理衣服袖子。醒来后，她有点好奇，便翻出一本解梦的书来看，书里说，做这样的梦将有新官上任之喜。巧的是，没过多久，果然美梦成真了，她接替母亲做了木器厂的厂长。

这件事过去没多久，她又做了一个梦，梦见自己在一片沙滩上起舞，这时浪花送上来一只麒麟，围着她跳舞，她开心得不得了。醒来再解梦，说她领导的企业将来能成为行业里的龙头。

后来她又做了第三个梦，梦见母亲郑重其事地将木器厂的一把大钥匙交给她，她拿钥匙打开了工厂的大门，发现工厂大院里来了一只老母鸡，老母鸡还带着八九只小鸡。醒来解梦，说她未来将会有八九个企业。

文洁说，从 1994 年接班到现在，她做过很多这样的梦，无论身处顺境还是逆境、无论面对怎样的困难，她都让自己相信这些梦是真的，坚信自己有朝一日肯定能把企业做强做大。

瞧，美梦是必须有的，万一像文洁一样实现了呢?

文洁接手通联木器厂时，厂里员工不到 100 人，年销售额800 多万元。在上海，通联木器厂这个乡镇小企业，在木包装行业虽然不是最大最好的，但也已经小有名气。当然，那都是母亲的功劳。

木器厂原本的任务就是为文洁父亲的压缩机厂提供配套包装木箱，后来，厂子的产能渐渐提高了，文洁母亲便开始联系其他工厂的业务，陆续拿下了上海鼓风机厂、易初摩托车厂、人民电机厂、上海锅炉厂等机电行业大厂的外包装业务。

文洁母亲留给她的家底儿不薄，初试啼声的文洁并未感到日子难过。但是好景不长，安逸的日子仅延续了两年，两年之后，各种挑战便如虎狼般向她扑来。

1996年，国有企业大批瘫痪，三角债蔓延，通联木器厂也被国企客户拖入了三角债的泥潭里。市场有需求，但客户欠的钱拿不回来，厂里资金周转不开，只能被迫停产。那是一段难熬的日子，文洁整天在厂子里忙，处理各种业务，还要见缝插针去找欠钱的客户要钱。那是她第一次切身感受到啥叫"欠钱是爷爷，要债是孙子"。吃闭门羹是常有的事。她觉得自己简直就像讨饭的，而不是讨债的。欠钱的人说话还很难听，脸色也难看，她经常被人轰出门，好像欠钱的人是她。

文洁自幼习武，年纪轻轻又被父亲送去工厂做工、当卡车司机，她早已摔打惯了，做活儿从不叫苦。可讨债这活计她觉得自己实在做不了，心太累。她开始打退堂鼓，厂长这活儿她不想干了。本来嘛，作为一个女人，相夫教子是本职，何必这么辛苦自己呢？

文洁父亲是个聪明人，不用问，看一眼就知道女儿心里在想什么。这段时间女儿整天为讨债奔波，眼看女儿的情绪一天天低落下去，他实在沉不住气了，一天下班回家，他找到女儿，鼓励她说："文洁，要打起精神，困难一定有克服的办法，曹家人从不会在困难面前低头，我相信你能行。"可一向顺从父命的曹文洁，这次却啥话也听不进了。她摇摇头，告诉父亲，这次说啥也不想干了。

父亲了解女儿的脾气，这次的情况跟以往不同，他不能硬性安排和要求了，于是选择了"退一步"说话。不过这"退一步"可是个策略，父亲把母亲推到前面来了。一天，母亲找到文洁，说要带她去庙里烧烧香。文洁啥也没想啥也没问，就稀里糊涂跟随母亲来到庙里，母亲说："咱们抽个签吧，签上怎么说，你就怎么做，我们不勉强你。"

文洁以为母亲领她来庙里是祈求安福的，谁承想还是为木器厂的事儿。唉，可怜天下父母心啊！

人们在遇到困难和无助的时候，往往会听从天意。在庙堂里，文洁拿着那根从竹筒里摇出的签，一下子就愣了。母亲在一旁说："晓得你的命了吧？你就是做事业的命。"

也许，这真的就是命，文洁认了。可是，公司都快被三角债勒死了，这事业还能做下去吗？

20 世纪 80 年代至 90 年代初，改革开放取得了巨大成功，国家采取了近十年的货币宽松政策，但到了 1990 年，经济开始出现通货膨胀态势。1993 年至 1996 年，国家为控制通货膨胀实施了适度从紧的货币政策。在长期通胀刺激下，大量产能过剩或技术落后的企业陷入了困境。这当中自然也包括通联木器厂这样的乡镇小厂，尽管有一定的效益，但企业规模和生产方式还比较落后，整个工厂的生产设备也只有几台锯子，二三十把榔头。

文洁刚刚走马上任木器厂厂长，便遇到了前所未有的困难。客户订单开始减少，货款回收出现困难。那时候身为厂长的文洁还没有自己的专车，她每天出门讨债，不是骑自行车就是挤公交车。当时她年轻，又能吃苦，凭着一股"不成功便成仁"的犟劲，将追债进行到底。她每天一家挨一家去拜访那些欠债的客户，不厌其烦；到了饭点，就随便在路上买个盒饭吃，有时就吃个红薯、玉米什么的，填填肚子。功夫不负有心人，货款开始一点点回笼，回笼来的每一分钱她都交给原料供应商，有了原料厂子才能动起来。

由于长时间资金短缺，生产组织困难，客户开始萎缩，这么多问题一下子摆在了只有二十多岁的年轻厂长文洁面前。她感到了从未有过的艰难和无助。

第二章　缘起・新通联与托盘

第一节　新通联结缘木托盘

1997 年 7 月 2 日，亚洲金融风暴席卷泰国。不久，这场风暴波及马来西亚、新加坡、日本、韩国、中国等地。泰国、印度尼西亚、韩国等国的货币大幅贬值，同时造成亚洲大部分地区主要股市的大幅下跌；亚洲金融风暴冲击了亚洲各国外贸，造成亚洲许多大型企业的倒闭，工人失业，社会经济萧条，打破了亚洲经济急速发展的形势。亚洲一些经济大国的经济开始萧条，一些国家的政局也开始混乱。泰国、印度尼西亚和韩国是受此金融风暴影响最严重的国家。新加坡、马来西亚、菲律宾和中国香港也被波及，中国大陆和中国台湾则几乎没受影响。

金融危机爆发后，全世界几乎异口同声地宣称：人民币应当贬值，否则中国经济将面临灭顶之灾。然而，中国政府经过多方面权衡，在出口增长率下降、国内需求不振、失业增多和遭遇特大洪涝灾害的情况下，本着高度负责的态度，从维护本地区稳定和发展的大局出发，作出人民币不贬值的决定，承受了巨大压力，也付出了很大的代价。

在坚持人民币不贬值的同时，中国政府采取了努力扩大内需，刺激经济增长的政策，保持了国内经济的健康稳定增长，对缓解亚洲经济紧张形势、带动亚洲经济复苏发挥了重要作用。

似乎，企业的命运跟国家的命运紧密联系在一起，中国经受住了亚洲金融风暴的考验，迎来了雨过天晴的明媚时光。文洁和她的通联木器厂也一样，经历了一段几近关门的艰难日子，也迎来了"柳暗花明又一村"的局面。坚持就是胜利，文洁的坚持和不懈努力，终于得到了回报。

1997 年 6 月的一天，文洁接到上海市包装协会的电话，说有一个特别的业务请她过去看看能不能做。文洁带了两个技术人员赶到上海展览中心，一到那儿她就觉察到气氛有些紧张。一个封闭的大厅，门口笔直地站着两个便衣，进出人员须由工作人员带领，进门还要查看证件。

大厅中央一块鲜艳的红布遮盖着一样东西，工作人员掀开红布，露出一座巨型水晶雕塑。原来这是上海市为参加 7 月 1 日香港回归庆典给香港政府准备的市礼《浦江庆归》。看见眼前这件精美的雕塑，文洁一下子就被迷住了，一时竟忘记了自己来这儿是做什么的。她看到雕塑上那些用羊脂白玉雕成的白玉兰花，那是她最喜欢的花，洁白无瑕，高贵而典雅……

她正看得入神，身边传来一个声音："你看怎么样，能做吗？"

她一下醒悟过来，自己是来工作的。问她话的是包装协会的人。

上海包装协会是受上海市政府委托帮助联系包装厂的。之前来了几家，看到东西就退缩了，不敢接，风险太大了，关乎香港回归、关乎上海市乃至中国的面子等大问题，万一弄坏了，可是要承担政治风险的。

文洁知道，这座雕塑寄托着上海市几千万市民对香港同胞的深情厚谊，不能有任何的闪失。冷静下来，她心里也开始犯嘀咕了，这么精细的雕塑，不小心哪怕碰掉一点点，它就不完美了，不仅不完美，还会给整个上海市丢脸。

凡事不怕一万就怕万一，万一出什么问题，可不是文洁和她那个小小的木器厂能承担的。但这是一项具有历史意义的任务，如果没有挑战，也就没有做的价值了。这是一次机会，通联木器厂一定要抓住它。文洁的心不由得激动起来，当即决定接受这项任务，她向领导保证，通联木器厂一定百分之百完成任务。

木器厂的技术员经过精心测量，并充分论证后，做出了完美的包装方案，将这一精美绝伦的礼品安全送到了香港同胞手中。因为这次出色的表现，通联木器厂获得了市领导的肯定，还得到了市里颁发的纪念章。

随后，1999 年澳门回归，通联木器厂同样承担了市礼的包装任务。几次特殊业务的顺利完成，大大提升了通联木器厂在业界的知名度，为公司扩大业务、摆脱困境奠定了厚实的基础。

一个人，只有站得高才能看得远。作为一个企业家，你的使命不能仅仅局限在企业内和行业内，当你胸怀国家时，心目中就不再仅仅只有自己的企业和有限的行业，更有了对行业的未来和祖国发展的思考。

从 1997 年开始，大量外资生产企业进驻上海，如通用、联合汽车、巴斯夫、柯勒洁具、罗氏制药、3M、施耐德等世界 500 强企业纷纷在上海及周边地区设厂。文洁想，今后也许可以多发展一些外企客户，外企客户虽然对产品和服务要求高，但一般不会赖账。

那段时间，她常去外高桥和金桥一带跑业务。她在货场中留意到，外企的货物多采用"木托盘＋纸箱"这样的包装，脑子里突然生出一个念头：新通联可能得转舵了，从做木箱转向做木托盘。

从此，新通联与木托盘结下了不解之缘。

托盘成长记

1960年，美国开展了"托盘售货"活动，托盘开始进入超市，直接用来出售商品。20世纪70年代初期，北欧各国在托盘下面装上了轮子，又给托盘底板装上框架式结构，把装载货物的托盘原封不动地从工厂运到商店，当成商品展示柜台来利用，于是托盘又变成了售货工具。

由于托盘使用范围的日益扩大，托盘的生产和销售数量也随之骤增。美国的托盘保有量在1945年只有3000万个，到了1958年已经超过1亿，在之后的10年时间里，又猛增到20亿。托盘的年产量也从1958年的940万个增加到1962年的6800万个，1968年已经超过1亿个。这个时候，参加托盘联营的国家也增加到了19个。

据美国托盘协会的资料记载，20世纪70年代初期，美国的托盘以木质为主，比例高达98%。从80年代起，开始研究使用钢材、塑料、纸以及其他各类材料制造托盘，其原因主要是受木材资源的限制。

人们最早使用的托盘是平托盘，后来相继出现了箱式托盘、柱式托盘、框架式托盘等。这一时期，关于托盘尺寸的规范化也在逐步推进。

1963 年，日本制定了平托盘日本工业标准（JIS），1970 年又制定了直达运输平托盘试验方法及 JIS 包装规格系列。

1970 年 9 月，在土耳其召开的"集装箱、托盘运输包装相互统一的国际流通模数化"会议上，人们根据世界各国使用托盘的实践经验，得出最适合的托盘尺寸为 800mm×1100mm，该尺寸也称为"安卡拉尺寸"。

1971 年 10 月召开的国际标准化组织 / 单件货物搬运用托盘技术委员会（ISO/TC 51）分组会上，曾草拟出台了 800mm×1100mm、800mm×1200mm、900mm×1100mm、1100mm×1100mm、1000mm×1200mm 五种尺寸的标准方案，征求各国意见。随后还针对选用 1100mm×1100mm 还是 800mm×1200mm 托盘展开了激烈的争论。

托盘联营最早出现在美国。早在 1940 年，美国就开始在耐火砖、肉罐头等行业试行托盘联营，在部分企业和地区建立了托盘循环共用机制。1946 年，澳大利亚政府利用美国第二次世界大战期间留下的托盘和相关装备建立了联邦搬运装备共用系统，开始实行以托盘租赁方式为主的全国托盘联营机制。1947 年，瑞典仿效澳大利亚的做法，也搞起了托盘联营；1951 年，瑞士紧跟瑞典的步伐，也推出了托盘联营机制。此后几年，托盘联营之风相继在苏联、加拿大、日本等国家出现。

1961 年 7 月，欧洲国际托盘联营组织成立，瑞士和德国为发起国，其主要目的是增加铁路运输能力，扩充铁路运输货源，更好地发挥托盘的作用。1962 年，苏联、东德、捷克、匈牙利、蒙古等国的部分火车站之间缔结了托盘交换协定。20 世纪 70 年代末，东德、捷克、保加利亚、匈牙利、波兰、南斯拉夫开始加入欧美国际托盘联营组织。

日本在 1971 年先后设立了日本托盘租赁公司和日本托盘联营公司，而且大部分是以铁路运输为核心发展起来的。

托盘的用途，即放置、递送（搬运、移动）物品（货物）之用，方便、高效、安全。

我国国家标准《物流术语》对托盘的定义是这样说的：用于集装、堆放、搬运和运输的放置作为单元负荷的货物和制品的水平平台装置。解释起来虽然繁冗又拗口，但作为与集装箱类似的一种集装设备，托盘在生产、运输、仓储和流通等领域所起的作用，或许只有集装箱可与之相提并论了。可以说，现代托盘的出现，给世界物流领域带来了革命性的改变，毫无疑问，它是 20 世纪物流产业中两大关键性创新之一。

学术上对托盘还有其他的定义：托盘是一种载货平台，而且是活动的平台，是一个使静态货物转变为动态货物的媒介物。任何货物，一经装上托盘便立即获得了活动性，成为灵活的流动货物，因为托盘之上的货物任何时候都处于运动的准备状态。也有人将托盘比喻为"活动的地面""移动的货台"，这种说法也都十分形象。

这种以托盘为基本工具组成的动态装卸方法，就叫作托盘作业。

托盘作业不仅可以显著提高装卸效果，它的实行还使仓库建筑的形式、船舶的构造、铁路和其他运输方式的装卸设施以及管理组织都发生了变化。在货物包装方面，促进了包装规格化和模块化，甚至对装卸以外的一般生产活动方式也产生了显著的影响。随着生产设备越来越精密，自动化程度越来越高，生产的计划性越来越强和管理方式的逐步改进，工序间的搬运以及向生产线供给材料和半成品的工作就越发显得重要了。

而托盘作业是迅速提高搬运效率和使材料流动过程有序化的有效手段，在降低生产成本和提高生产效率方面起着巨大的作用。

了解托盘化的优点之后，如何才能使托盘化的优点在现实中得到应用呢？这就要引申到下一个问题：直达托盘作业。

托盘给现代物流业带来的效益体现在诸多方面：可以实现物品包装的单元化、规范化和标准化，保护物品，方便物流和商流；实现物品运输的集装化，提高运输效率，降低运输成本；实现物品存放的立体化、物品流通过程的自动化；实现物品装卸的机械化、自动化，提高装卸效率和速度；实现物品数据处理的信息化，提高现代物流的系统管理水平等。

托盘虽小，作用却大。

现在，托盘拥有量已成为衡量一个国家物流现代化水平的重要标志之一。国际标准化组织（ISO）TC51 国际托盘标准技术委员会美国代表团主席马歇尔·S. 怀特（Marshal S. White）说："托盘是一种最基本的载货单元，它支撑着全球的经济发展。"现代物流离开了托盘这件器物，就跟汽车轮胎瘪了气一样，会让人无所适从。

第二节 "出淤泥而不染"

一般认为，木托盘行业的门槛很低，都低到泥土里去了。然而，在这个"低到泥土里去了"的行业里，就有人想要做到"出淤泥而不染"，将企业一点点塑造成一个"绅士"，一个有规矩、守规矩的好企业。

1994 年至 1999 年，通联木器厂在困难的经济形势下蹒跚前行，文洁在努力开拓市场的同时，也开始思考企业经营管理的一些深层次问题。

文洁已经拿定主意，企业必须转型，以变应变，首先要战胜自我，才能在商场上立于不败之地。不过她的转型是理性的，她没采取"连锅端"的办法，而是做了一道加法，在不放弃木箱业务的基础上新增了木托盘业务，采取"两条腿走路"的策略。她开始与更多外资企业接触，谈下了一些订单。

在与外资企业的沟通中，文洁渐渐看清一个事实：发展国内客户，多半要靠关系、靠情分；而发展外资客户，得靠"文凭"，也就是资质证书，比如 ISO 9000 认证。文洁下决心要拿到这个"文凭"。

那时国内木制品行业还没有一家企业通过 ISO 9000 标准认证。

1997 年，文洁开始贯彻 ISO 9000 管理体系。她找到一家国内咨询机构，这家机构告诉文洁，当时国内还没有木制品包装行业贯标的任何经验。于是，文洁开始跟他们一起着手建立符合 ISO 9000 标准的管理体系。

当时一些同行知道后还笑话她，说你一个小小的柴火厂，还搞什么 ISO 9000，真是"小年轻赶时髦"。不过也是，客户需要托盘，只要拿一把榔头，搞两块木头，钉钉弄弄就出来了，还用得着搞个什么体系吗？头上贴个 ISO 9000 标签，你的托盘就能卖得比别家贵？就真能给你带来生意？有这工夫，还不如去跑跑客户呢。

对这样的议论，文洁根本不往心里去。不过，她心里多少还是有那么一点疑问，ISO 9000 到底能不能帮企业赚到钱呢？文洁那会儿真不知道，但父母如何经营企业，她耳濡目染了不少，凡是客户提出的要求，父母都会千方百计地满足他们。现在她的客户有这样的要求，她自然也不能无视。

而且，文洁相信求人不如求己，与其死乞白赖地去搞关系，不如下功夫做好手里的活计，谁不爱好品质呢？只要把各个生产流程按标准做好，就一定能得到客户的信赖。说实话，通过 ISO 9000 管理体系比搞定翻手云覆手雨的客户容易多了。

文洁相信，母亲把企业交给她，一定不希望她维持原状，原地踏步。一个企业只有发展壮大了，才有希望，才有未来。而企业发展壮大的基础一定是规范化。以前经营企业是"放养式"，这跟"脚踩西瓜皮，溜哪儿算哪儿"是一样的，不会有太大前途。现在得"做规矩"，ISO 9000 认证就是替新通联"做规矩"的最好契机。

文洁从外面请来老师和做体系设计的专业人员，一起来制定标准。因为参与了标准制定，新通联顺理成章地成为中国第一个通过 ISO 9000 的木托盘和木箱制造企业。

那么 ISO 9000 会不会真是个摆设呢？它给新通联带来生意了吗？

中国托盘发展的几个阶段

　　现代托盘究竟是什么时候进入中国的呢？这个问题看似简单却难度很大，因为没有资料可查。不过，中国托盘发展经历了哪些阶段，我们还是能够理清楚的。

　　中华人民共和国成立初期应该算是托盘的创建时期。这个时期是中国国民物流的恢复时期，国家开始实施第一个五年计划。当然，那时中国还没有"物流"一说，"物流"一词的出现是改革开放以后的事了。

　　那时百废待兴，科学技术十分落后，部分工业、交通业刚刚起步，商业也不发达，这些都制约了托盘业的发展。当时，无论是生产领域还是流通领域，都只是根据托盘业务的需要，修建一部分仓库，购置一部分车辆，设立储运科、汽车队等。少数大城市的商业、物资部门成立了仓储企业，它应该就是中国早期创建的商物分离型的专业性托盘业。另外，在全国各流通系统，大部分是附属于各专业企业、批发站以及新华书店的储运科、储运部等兼营的商物合一型的托盘企业。这一时期，中国还未把托盘问题提到议事日程上来。

以上应该算是中国托盘发展的第一阶段，也就是萌芽阶段。

从 1955 年至 1965 年，是中国托盘发展的初级阶段，也可以说是第二阶段。这个时期中国国民经济发展稳定，工业农业生产有了很大的增长，交通运输建设取得了较大进展，社会商品流通也不断扩大。因此，中国托盘业也得到了相应的发展。在物资、商业、粮食、供销、外贸及新华书店等流通系统也相继建立了储运企业、专业化的托盘企业仓和商物合一型的兼营性托盘企业。这些托盘企业担负着国家绝大部分托盘业务，是中国托盘业的主流。这一时期，托盘业开始引起国家的重视。1960 年 4 月，国务院在批转商业部的通知中肯定了商业部建立健全储运网的建议，把中国托盘业推向了一个新的发展时期。

中国托盘发展的第三阶段，应该是 1966 年至 1976 年。这 10 年正处于"文革"时期，国民经济受到严重破坏，商业首当其冲，托盘业自然也无法幸免于难。

第四阶段即 1977 年至 1993 年，中国改革开放的序幕拉开。党的十一届三中全会以后，中国大踏步开始了社会主义现代化建设的进程，百业振兴。特别是国家实行对外开放、对内搞活政策，大刀阔斧地进行经济体制改革，工业农业生产得到了迅速发展，交通运输业也加快了建设步伐。随着国内商品流通和对外贸易的不断扩大，中国托盘业也得到了很大的发展，国家除了加强国营托盘企业之外，还鼓励并扶持集体和私营托盘企业，以及仓储、运输专业户。这一时期出现了国营、集体、私营一齐上，大、中、小并举，社会兴办托盘企业的新形势。

也就是在这个时期，中国把"物流"这一词语引入国内。大量的货运站、仓储都挂上了牌，"专线""小三方"大量涌现，守着个小档口，坐在家里等着，有货来了就收，属于"钓鱼"经营。

1994年是较为关键的一年，中国第一家以"物流"一词注册的公司成立，它就是宝供物流。宝供这种三方物流企业具有一定的方案设计和营销能力，可以主动找客户，和工厂对接，提供一系列的服务。它的特点是主动出击，属于"叉鱼"经营，而非被动"钓鱼"。

2003年，电商风潮又一次推动了物流的前进。这个时候有两个角色出现，一个叫快递，一个叫快运。快递行业上市以后市值翻番，快运也慢慢地形成了一个资本涌动的市场。网络越来越成为资本重要的决策考量，因为物流的本质就是网络，将这一理念延伸到托盘，就出现了"互联网＋托盘"的概念。所以，"临渊羡鱼"，不如"退而结网"。

物流是离不开托盘的，而托盘是依附于物流的，所以物流的发展也带动了托盘的发展。

第三节　为托盘而生

曹文洁的女儿小时候曾说过一句话："妈妈，你是破坏森林的人。"

童言无忌，可这话还是像针一样刺在了曹文洁的心里。

共康路 999 号，是新通联的木托盘加工厂之一，这里堆放着一摞摞从世界各地进口的圆木，离厂区很远就能闻见散发在空气中的清香味，那是来自大森林的气息。

曹文洁每次来到这儿，心里总是五味杂陈。看到一个个木托盘被装载出厂，运往客户所在地，她感到喜悦和满足。然而，穿行在一堆堆圆木垛间，她的心底却常怀歉疚。谁言草木不关情？虽说加工木托盘的木材都来自人工种植的经济林，木材包装是最低碳的包装方式，但这些也曾是一株株绿色的生命，理应得到善待，如此才不负大自然的恩赐。

托盘是物流中最基本的集中单元和搬运器具，但一个国家的托盘拥有总量并不是衡量物流现代化的关键性标志，托盘的标准化率才是。目前，中国的托盘总量已经超过 10 亿个，远高于日本（8 亿个），但标准托盘的占比仅为 23% 左右，而日本是 36%，欧洲 70%，美国则高达 80%。

很多年前，曹文洁就知道欧洲有一个托盘组织叫 EPAL（European Pallet Association，欧洲托盘协会），其成员在货物运输时，托盘、铲车、货架、集卡都是统一标准。她当时就觉得这是托盘的未来，于是便开始与 EPAL 展开合作。新通联是中国首批取得欧标托盘生产许可的企业。

目前，国内木托盘行业仍处于群雄逐鹿的时代。企业都是按照各自产品的大小下单，让包装企业为他们提供相应的托盘，由于规格不统一，大量托盘往往只使用过一次就当垃圾处理了，循环共用率非常低，只有 2% 左右。巨大的浪费令人痛心，这也成为国内物流成本居高不下的重要原因之一。

曹文洁有一个十分美好的设想：如果有一天，在中国国内，客户花 100 块钱从新通联买一个托盘，当货物抵达目的地后，会有第二个客户花 70 块钱回收使用这个托盘，第三个客户花 40 块钱……这样，每个客户只用花 30 块钱就能使用一次托盘，大大降低了成本，也节约了资源。

循环共用能够使托盘使用总量至少减少三分之一，这意味着每年少伐 800 多万棵树。新通联是托盘行业的龙头企业，曹文洁明白，在推动托盘标准化，进而建立国内托盘共用系统这件事上，她责无旁贷。

然而，这一次她所面临的挑战也是空前的。

有人提醒曹文洁，说如果实现了二手托盘回收，一个托盘真的如国外资料显示的那样，能循环使用 30 年，那么新通联木托盘的订单还能剩多少？还有人说，标准化这种事在中国向来玩不转，是白费力气。新通联已经上市了，你应该更关注公司业绩，关注如何把股价抬高，而不是玩那些高大上、政府才玩的事情。

也有同行笑话她，说托盘标准化这件事，对一个像新通联这样的小企业，简直就是蚂蚁扛大象，是不可能完成的任务。国内托盘行业虽然拥有 1000 亿元这样的大市场，但撑起这个市场的全是小企业，至今还没有一家企业的市场份额超过 1%。

现实情况的确不容乐观，首先，因为标准化涉及各个企业甚至区域的经济利益，各地和各个企业间都有壁垒。其次，托盘标准化具有联动效应，它还将牵扯到木材砍伐、切割、运输工具、纸箱等产业链各个环节的标准化，跨界推动难上加难。

面对重重阻力，曹文洁说："公司上市了，业绩当然要抓，因为我们要回报股东。但是上市只是我的起步，我们募集资金，是要在全国各地铺点，做我们想做的事情，做我们该做的事情。"

目前，新通联已经开始从一些行业细分领域切入。曹文洁有自己的策略，她要先打赢几场托盘标准化的局部战争，以点带面，来推动中国托盘标准化的进程。

2014 年 11 月 20 日，由国家商务部和国家标准委制定的《商贸物流标准化专项行动计划》正式印发，30家企业入选第一批重点推进企业和平台，新通联是唯一一家入选的木托盘专业生产企业。这令曹文洁更加坚定了自己的人生使命。她说："我为托盘而生。"

也正是在这一年，曹文洁被评为第四届上海市非公有制经济人士优秀中国特色社会主义事业建设者。

托盘的命运

时间：2019 年夏天。

地点：中国西部一座边境小城的一处物流园。

场景：墙角处一堆大大小小的木托盘。

一名身着工装的中年男子，他应该是物流园的管理人员，领着一个骑三轮摩托的人走到大楼后面的一处墙角，指了指堆放在那里的一些木托盘说："就这些东西，拉走吧。"

三轮车车主："都拉走吗？"

保安："对，都拉走，把这儿清理干净。"

"给多少钱？"三轮车车主目测了一下小山一样堆在一起的木托盘，问道。

"啥？给你钱？"保安有些诧异，瞪着眼问。

"不给钱我不能白干呀。"

"这些都是板子，还可以用。我没问你要钱就不错了，你还反过来问我要钱？"保安不满地朝三轮车主嚷嚷道。

三轮车车主把脑袋摇得跟拨浪鼓似的："没啥用没啥用。都是垃圾。"

"当柴火总可以吧！"保安嚷道。

"现在谁还烧柴火啊，污染环境。"三轮车车主说。看来他还是一个环保主义者。

就这样，保安和三轮车车主不欢而散，一个往东一个往西，各走各的路了。那一大堆来自天南地北、完成了历史使命的木托盘，却不知何去何从，只能静静地躺在那儿，任由风吹日晒。

看到这样的情形，我们只能感慨：托盘啊托盘！

实际上，这就是目前绝大多数托盘面临的尴尬处境，尤其是木托盘。

针对这种现象，行业内有人做了一些总结分析：

初步调查，我国拥有的托盘总量约14亿个，与中国作为世界制造与加工大国的地位极不相称。美国比中国多，约有20亿个，日本少一些，大约8亿个，这两个国家都有完善的托盘共用系统。

现阶段，我国的运输包装（木托盘）共用系统刚刚起步，存在标准化程度低、网络覆盖度不足、回收环节不顺畅及有关政策缺失等问题，因此托盘共用还存在许多障碍，托盘的命运也就难以摆脱上述场景里我们看到的那种下场了。由于托盘作业一贯化难以实施，企业不得不按照传统的方式购买和使用一次性木托盘。这种做法不仅增大了企业的包装成本和物流的运作成本，而且这种一次性木托盘的大量使用也消耗了大量的森林资源，对自然资源和社会资源形成了的巨大浪费。这也是我国的包装与物流系统效率低、浪费大、成本高的重要原因之一。特别是在经济全球化时代，这也成了我国包装物流系统高效顺畅运行以及与国际经济实现无缝对接不可忽视的缺陷。

根据发达国家的经验，一个国家通常只有一两个共用系统，在政府的扶持下由专业公司运作，它拥有一定数量的托盘，在全国各地建立运营服务中心和回收网络，负责对托盘的回收和维护。使用托盘的企业可向托盘公司租用所需数量的托盘，出厂的托盘货物单元将保持原态送达目的地。当木托盘上的货物被取走后，空托盘还给就近的回收站，从而实现循环使用。采用共用系统后，可以实现木托盘作业一贯化，在区域、国内甚至国际间实现共享循环使用，大大地提高效率、减少资源消耗、降低木包装物流成本，经济社会价值巨大。

第四节　创新，再上新台阶

企业上市了，曹文洁的视野更大了。

上市之前，她看到的业内企业都是"老三样"：有块地，有个工厂，有个堆场，投资不大，差别也不大。这也让曹文洁放弃了收购兼并的想法。

2018 年，曹文洁去德国参观学习，收获之大，她自己都觉得很吃惊。这次德国之行，彻底颠覆了她对很多事物的认知。她深感自己之前选择对标企业的想法十分幼稚。

她在德国接触了一家托盘企业，这家企业一年的营收居然有29 亿欧元!

这家德国托盘企业开办才 10 年，是 2009 年建厂的，只做标准托盘。关键是，市面上同样规格尺寸的托盘单价为 11 欧元，而这家企业只卖 9 欧元。那它的盈利点在哪儿呢? 在国外参观学习通常是走马观花，关键环节作为企业秘密一般不会对外公开，所以想要通过一次参观去"偷学",往往没有可能。但是,曹文洁是谁?她是一个车床工,她是一名卡车司机,她还是一个在账本中间摸爬滚打过的会计,她积累了很多同行望尘莫及的经验。

在这家德国企业,曹文洁还真"偷学"到了一些东西,她看到了做大企业的标杆。

曹文洁对这家公司的模式做出了这样的分析。这家德企一改包装厂采购板材的老路,从圆木加工开始做起。一般来说,圆木的出板材率能达到50%,另外50%则是废料;板材可以直接拿来做托盘,另外那50%的废料,这家企业则打成了木屑,压制成托盘的角墩,而一个托盘有好几个角墩。这样一来,原来当垃圾卖的废料,却能和托盘一起卖出托盘的价格,从而提高了产品的利润率。很快,曹文洁依此梳理出了自己的新逻辑:集中制板,分散制箱,废料全部利用。为此,曹文洁整合了公司现有的原木业务,按德企模式在江阴建设了一个主体运营厂来集中制板,然后送到公司在各地的工厂组装,"既可堵住采购渠道的漏洞,又可增加利润。"

这将是新通联的五年战略规划。

如今,在曹文洁眼里,新通联主动对标的竞争对手越来越强大,她现在正盯住 DHL 的仓库管理模式。她说:"这些年我不抛一股股票,也没有做并购,就是想向外界表达我在全国打造新通联供应链的信心。"

但曹文洁面临的挑战也不小。近几年,托盘的主要原材料如木材、塑料等的价格持续上涨，2018 年被业内称作是托盘行业艰难前行的一年，而面对 2019 年以来的托盘原材料市场，业内普遍认为价格仍然会继续上涨。所以，行业对新材料、新技术托盘的研发将不断加强，各种新产品将不断推出，特别是智能托盘。它作为未来物流的发展趋势，通过智能化芯片的使用，能随时利用网络和手机终端掌握托盘的位置、动态了解所装载货物的情况。新技术或将加快托盘产业的迭代。智能托盘的出现，使托盘脱离了传统的业态，真正成为现代化物流的一部分。

如此，曹文洁和她带领下的新通联还有很多事情要做。

中国托盘面面观

在中国任何一个角落，走进任何一个仓库或配送中心，都能发现托盘的身影。托盘虽然其貌不扬，但没有它，供应链系统就很难正常运作。围绕托盘的争论也一直存在，从究竟该用木制托盘还是塑料托盘，到托盘共用系统的建成运营，托盘正受到前所未有的重视。

中国托盘产业链市场规模很大。

托盘大体上应该由五个产业组合而成，第一是原材料供应，包括木材、钢材、塑料等；第二是托盘制造；第三是托盘的租赁流通；第四是托盘的运营维护；第五是二手托盘交易和交换。以上这些构成了一个完整的托盘产业链。根据相关统计数据，原材料市场占了约270亿元，托盘制造占了约340亿元，托盘流通占了100亿元出头，运营维护占了约50亿元。另外还有二手托盘市场，这个具体数据无法统计。综上，到2020年整个托盘产业链市场差不多有 1000 亿元人民币的规模。

首先，第一个版块，托盘制造业。从产品的制造生产线到整个物流的流通环节，以及到电商和末端配送，基本上物流供应链的每个环节都要用到托盘。但目前国内托盘制造企业的基本状况是，以区域销售为主，它的发货半径有限，长距离运输没有利润，对企业来说得不偿失，反而丧失了竞争力。

值得注意的是，托盘作为易耗品其实附加值并不高，生产方式也是劳动密集型。根据中物联托盘专业委员会的统计，全国有大大小小 1 万余家托盘生产企业，2016 年总产值为 270 亿元左右，分摊到每个企业头上也就 200 万～300 万元；在全国，5 亿级的龙头企业可能就三到五家。

为适应经济社会发展的需要，托盘企业也在由单纯生产型转向生产服务型。也就是说，托盘企业也不再是一个只知道木板上钉钉子的传统制造商了，它们开始投身更广阔的市场，在市场竞争的风浪中摸爬滚打。

国内托盘租赁市场空间很大。

先让我们看看国外的数据，美国托盘保有量 20 亿个，其中租赁托盘 3.2 亿个，占比 16%；欧洲有托盘 6 亿个，租赁 1.5 亿个，占比 25%；中国 2016 年的数据是托盘总量不到 12 亿个，租赁只有 1700 万个，占比 1.45%。

中国的托盘租赁市场经历了十多年的风雨。十多年间，有很多企业击鼓开张，同时又有很多企业偃旗息鼓。2014 年是一个分水岭，商务部推出了关于物流标准化的专项行动计划，这一计划对国内托盘租赁市场的发展起到了推进作用。据统计，2014 年之前全国范围内只有 30 家托盘租赁企业，到了 2017 年，已发展到超过 100 家。

在中国这个庞大的市场，托盘模式可谓是千变万化。共享经济时代的托盘玩法，也正在从封闭式走向开放式。

第三章　融入·企业家与企业

第一节 第一个吃"螃蟹"的人

1997年，亚洲金融危机的影响无处不在，上海庙行大康村也不能幸免，数十家村办企业连年亏损，已经严重拖累村集体经济的发展。

1998年，大康村村委会研究决定，村办企业鼓励厂长责任承包制。这跟包产到户是一个道理，村民的生产积极性提高了，企业的效益自然也会提高。然而，经过一年的推行，大康村企业的面貌并没有发生大的变化，说明这个办法不是很好。到了1999年年底，村里又推出新政策，鼓励厂长买断自己承包经营的企业。

这项政策乍看起来，有它的诱惑性，原来的乡镇企业买断后就会变成私营企业，就是说企业变成厂长自己的财产了。但是，村里提出来的条件并没有想象中那么美好。厂房和土地不在出卖范围，村里出让的只是厂里那些固定资产设备和应收应付账款，还有老弱员工。

当时村里一共有42家村办乡镇企业。村里推出新政策，做了大量宣传动员工作，可厂长们并不买账，几乎没有人响应。这个时候文洁站了出来，成为大康村第一个愿意吃这个"螃蟹"的人。

其他那些厂长的心思谁都明白，他们反正跟村里签订了20年甚至30年的合同，不管接下来发生什么变化，只要合同在，他们就不会吃亏，总比冒险买下厂子要好。

文洁是第一个买断的，也是大康村唯一一个买断企业的人。通联木器厂由此更名为新通联包装材料有限公司，企业性质也由乡镇集体企业变为私营企业。

那些没买断的人觉得文洁傻，不会算经济账，大康村的厂房全都位于上海市近郊，很好出租，做个二房东每年闭上眼都能赚几百万元，干吗非要一颗汗珠子摔八瓣儿地挣辛苦钱？而且还要操那么多心，担那么多风险。

文洁确实没算这笔账，她算的是另外一笔账。这笔账是母亲跟她之间的一个交易，也可以说是她给母亲的一个交代。母亲把厂子交给她，是想让她做一番事业，不是让她做一个二房东，坐那儿靠收租金过日子的。过小日子并不是她的理想。她想把从母亲手里接过来的小企业做大，让它走出大康村、走出上海、走向世界。

梦想总是很美好，然而现实却真实而严酷。买断工厂说起来容易，可是钱从哪儿来？她把所有积蓄都拿了出来，远远不够，又干脆把房子拿去银行抵押了，还是不够。最后实在没办法，就跟村里签了一份合同，余款分三年付清。

现在，我们来看看她买断的究竟是一家什么样的企业。当然，那块土地和土地上的厂房，不在买断范围，买断的是一堆用了十几年的老旧设备，还有应收应付账款，以及库存。

新公司开起来了，文洁感到了前所未有的压力。同时，买断企业这件事，也让她突然有了一种成长、成熟的感觉。她在心里默默地下了一个决心：抓住一切机会，做大做强母亲留给她的企业，让自己成长为一个真正的企业家。

有一天，文洁在家看电视，碰巧看到一则新闻，说美国即将对从中国出口的木制品采取严格的检验检疫措施，中国出口的木材一律要经过有资质的单位除害处理，也就是熏蒸。

她心里不由得生出一丝危机感，她暗忖道：新通联包装厂如果没有这道工序，没有这个资质，那么有这方面需求的客户将来必定离我而去，生意都会被有资质的企业抢走。

她陷入了沉思。电视里继续播报着新闻，她却再也看不进去了。忽然，一种茅塞顿开的感觉在她思绪的天空里画出了一道彩虹。她从彩虹的一头走到了另一头，发现那里有一扇门。推开那扇门，她惊喜地发现，自己需要的资质就摆放在那儿，任由她取为己有。

"对呀，我可以去拿这个资质啊！"文洁好像突然从梦中惊醒般尖叫了一声，把自己也吓了一跳。

事情往往就是这样，有不好的一面，也有好的一面，就看你从哪一个角度去审视。正是这个让文洁隐隐感到一丝危机的消息，却使新通联迎来了事业发展的第一个机会。那是 1999 年。就在这一年的早些时候，国际植物保护公约组织（IPPC）植物检疫措施临时委员会在罗马举行了第一次会议，会上通过了两项新的植物检疫国际标准——《根除有害生物指南》和《地区有害生物状况判别》。在这两个文件出台之后，该临时委员会又提出了具体要求，即木质包装材料在各公约国之间出入境必须经过符合 IPPC 标准的除害处理，且加施 IPPC 标志。当时，世界上许多国家都已做出了规定，要求木质包装材料入境必须经过符合 IPPC 标准的除害处理。这也正是"美国即将对从中国出口的木制品施行严格检验检疫"的大背景。

作为企业家，文洁敏锐地感觉到，这件事将对中国木质包装行业带来极大影响。20 世纪 90 年代后期，上海大力发展出口加工经济，出口木包装逐年增量，这是一个巨大的市场。而 IPPC 这一要求，将彻底改变出口木包装的工艺。她不能错失这个机会。

而上海当时的情况是，动植物检验检疫局方面正在为推广植物除害大伤脑筋。因为除害处理需要投资固定设施，还会增加产品成本，木制品行业几家规模大一些的企业都不愿做这件事。

当时，上海动植物检验检疫局正愁找不到试点企业做标杆，文洁主动找上门。

动植物检验检疫局的人看了一眼曹文洁递上来的名片，新——通——联，怎么没听说过啊？然后，他们问了她一句话："你们有 ISO 9000 吗？"

文洁心里一喜，干净利索地回答："我有！"

这个太重要了，因为 ISO 9000，新通联成了上海第一家获得除害处理资格加施标志的企业。

无论是"熏蒸"两个字，还是"除害处理"四个字，说起来、写起来都很轻松，但熏蒸处理的过程却一点都不简单：要建一个专门的处理房，将木托盘置于处理房中用药水（主要成分是臭甲烷）进行杀虫；处理过程中人员必须远离，周边 50 米以内杜绝人员靠近，并且处理过程要持续 48 小时。

1999 年以后，中国出口到国外的商品多起来，厂商对产品包装的要求也随之提高，开始找具有除害处理资格的包装企业。当时，新通联是上海木包装行业中唯一拥有熏蒸处理资质的企业。于是，很多跨国公司主动找上门来。

这是一段美好时光的开始，文洁再也不用跑业务了，也不用担心货款收不回来。生意好到每天客户的卡车在厂门口排队，都是拿着支票上门提货。

一张 ISO 9000 证书，一张熏蒸许可，帮文洁赚来了第一桶金。这件事充分说明，遵守行业规矩是多么重要。有规矩才成方圆嘛。

这是新通联发展的第一个重要机遇，它不仅帮企业积累了业务，带来了销售增长，还让新通联走进了优秀跨国企业的视野，为公司的未来发展奠定了基础。

生意如此火爆，曹文洁却很冷静，这只是行政资源，不是赚钱模式。这种资源不可能永久独占，其他企业很快也会拥有。果然，从 2000 年开始，上海又有第二家、第三家企业获得了熏蒸处理许可。因为早有准备，文洁表现得很坦然，她一边扎紧自家篱笆，维护好现有客户，提防自己的业务被人瓜分，一边开始寻觅新的出路。

托盘在中国经济社会中的地位

　　当今世界正在经历新一轮的大发展、大变革、大调整。随着经济全球化的深入发展，各个国家和地区之间的联系从没像今天这样紧密，人类越来越成为你中有我、我中有你的命运共同体。同时，世界经济也进入了一个产能过剩的时代。其结果就是，发达国家的跨国公司网络遍及全球各个角落，主宰各地市场。中国在商贸领域的"世外桃源"已不复存在，靠关税已阻挡不住外来商品对市场的侵占。以生产为核心的经济舞台逐渐被消费或流通取代；购买力强、购买欲望高、市场空间大的金砖国家在世界舞台上话语权增强、地位提升；国际物流紧随贸易量的增减而备受重视。

　　中国经济在世界经济的影响下，经过改革开放以来40年的高速增长，也开始进入结构性产能过剩阶段，从数量的扩大逐渐转向质量的提高，从高速发展转向稳定增长。从东部到中部，再到西部。如果整个国家的经济要达到目前东部地区的发展水平，还需要三四十年的时间，这三四十年仍然是企业经营的黄金时期；流通，特别是物流越来越受到关注；节能减排、低碳和循环经济，将给企业增添新的压力；人工成本上升、用工荒问题愈发显现，种种客观现实迫使企业降本、增效、减员。

上述因素导致的结果有以下几个方面：

一、物流成为中国经济又好又快发展的一个瓶颈（这一点已经引起国家领导层的高度关注）；

二、托盘作为集装单元化的主体器具之一，成为物流大发展的一个瓶颈。

物流要发展，托盘是关键。

尽管现代托盘在中国已经有几十年的历史，但它依然是一个新兴的产业，跟发达国家相比依然处于起步阶段，托盘在中国经济社会中的地位和作用，注定了托盘市场的快速扩大和托盘需求的大幅增加。

当下，中国托盘的人均占有量只有1个，准确一点讲，应该还不到1个，而发达国家是每人7～10个，差距十分明显。中国要达到发达国家水平，估计至少需要20年的时间。对中国这样一个经济大国来说，实现每人拥有10个托盘的目标，并非天方夜谭。近些年，中国自动化立体仓库数量增长迅猛，每年新增约100座，有些自动化立体仓库使用托盘的数量达到6万～7万个之多。此外，普通货架仓也越来越多，对叉车、托盘的需求数量大幅增加。由此可见，中国托盘市场的潜力之大。

　　综合各种要素分析，近三年的托盘增量会减缓，每年约在 2500 万～3000 万个，2020 年之后，中国的托盘数量有望以每年 5000 万～7000 万个的速度增加。中国的托盘拥有量将增加到 20 亿～25 亿个（包括非标托盘和一次性托盘在内）。与托盘数量的增加相反，托盘生产企业有可能从目前的两三万家减少到几千家。企业间的竞争加剧，大浪淘沙、优胜劣汰不可避免。至于托盘的类型，木托盘数量将仍然保持领先，塑料托盘有望占到总量的 20%～25%，箱式托盘数量也会相应增多。

第二节　在危机中学会应变

　　1994 年文洁从母亲手里接手木器厂至今，一共经历了四次危机。

　　第一次危机是 1996 年，那时候木器厂的客户都是国有企业，比如鼓风机厂、电焊机厂、易初摩托车厂、人民电机厂、五一电机厂、跃进电机厂、锅炉厂等大型工程设备企业，他们生产出来的产品都需要木箱做包装，但有一个问题很令人头疼，那就是欠钱不付，或者说付不出钱，导致这些工厂的业务陷入了一个个的"三角债"。文洁把大量的精力耗费在讨债追债上，以至于无心开发新业务。

　　一方面她必须想方设法保证木材供应商的货款，不然工厂就要停工，另一方面又要面对那些客户应付款拿不回来的尴尬与无奈。最困难的时候，文洁感觉心力交瘁，都做不下去了，萌生了放弃的念头。母亲却一直鼓励她，希望她不要丧失信心，静下心来好好研究一下市场，给企业重新定位，找到真正适合自己的市场。

第二次危机是 2007 年。那时上海的房价还没有涨起来，企业经营者也是以现金为王，买房升值这样的概念还没形成。

那时候文洁已经离婚了，欠着一大笔债。即便是处于这样的境况中，她还是打算买一栋上海最好地段的房子作为公司总部，也是未来全国各地分厂的指挥中心。就是在那个时候，她看上了三菱电梯旁边的一块地，买下建了自己的厂房。

我们常说，机会属于那些有准备的人。同样，好运气也是属于那些有心、用心的人。

在上海房价最低的时期，文洁先后买下了一栋商务楼、一套位于陆家嘴的住宅、一家位于闵行区的工厂。谁能想到，如今这三处地产已经增值至少两个亿。

2009 年经济形势不好，文洁默默地埋头苦干，新通联的业绩虽然不及 2008 年，但依然做到 2.85 亿元，仅比上一年少了 400 万。新通联施行的 "5S 现场管理法" 也成为行业中的楷模。

第三次危机是 2016 年，这是一次环保危机。由于新通联站位高、对企业的设备要求规范，达到了政府的环保等要求，因而顽强生存了下来。就在那一年，很多同行只知道赚钱，又不愿在设备规范、环保等方面投入更多，最终被这场环保风暴席卷而去。

第四次危机是 2019 年，中美贸易摩擦对中国经济产生了较大的影响，很多外资纷纷撤离，在这样的背景下，国内的一些企业管理者持观望态度，现金为王，甚至一些企业家举家移民出了国。此时的文洁，却越战越勇，制定了五年规划，目标是做亚洲地区的托盘大王。新通联在江阴临港设厂，进行集中制板、分散制箱，为推动中国托盘的标准化实施而奋斗着。

在文洁这儿，每一次的危机，似乎都是一次机会，一次考验自己、提升自己、成就自己的机会，同时也是推动企业一步步向前迈进的动力。回望过去的 25 年，有风有雨也有彩虹。

在文洁看来，企业要想快速发展，企业家一定要融入社会，一定要跟着时代的发展而发展，如果认为企业是企业、社会是社会，两者互不相干，那就大错特错了。如果企业家认为自己可以游离于社会之外生存，这个社会跟自己无关，自己只管做自己的企业，那这种企业一定长久不了。

木器厂最重要的原材料就是木材。文洁刚接手木器厂的时候，木材是从江西赣州等地购买的马尾松。但是后来，江西的马尾松越来越少。1997 年文洁带人去东北，在拍摄电影《智取威虎山》的林海雪原里，一处一处地考察，还看到在林海深处有拍摄电影留下的纪念碑。这次考察后，木器厂开始购买东北的落叶松、白松、樟子松和桦木。

走向市场经济之后，木材的采伐量大幅增加，有点掠夺式砍伐的味道，对山林破坏严重。过了两三年，等文洁再次踏上东北的土地时，发现电影拍摄纪念碑附近的那些树木，早已被砍伐一空，当地村民家家户户都在砍伐树木，家家户户都在切割木材、运输木材。

当时，桦木的价格比较便宜，也容易买到。桦木板的颜色特别好看，雪白雪白的。文洁转到双辽、四平等地开始集中采购桦木。

很快，很多做胶合板的大企业，也开始一窝蜂从东北采购木材，木材很快匮乏，价格暴涨。文洁便将目光投向了俄罗斯，开始采购俄罗斯木材。但有个问题，俄罗斯木材不允许进入上海口岸，允许进入上海口岸的只有美国木材、新西兰木材、加拿大木材。直到 2000 年，上海口岸才向俄罗斯木材开放，俄罗斯的落叶松、樟子松开始陆续进入中国市场。

2001 年之后，俄罗斯木材也出现短缺现象，价格也涨了起来，而且越炒越高。

这时，文洁又找到加拿大木材供应商，购买他们的木材。加拿大对林木的管理非常严格，要求砍一棵种三棵，而且木材等级划分也很明确，分为 1 级、2 级、3 级，还有混合级等，价格非常合理。中国对木材进口是零关税，所以从 2001 年到现在，新通联所用的材料主要以美国木材、加拿大木材、新西兰木材为主。

2013 年，文洁把目光又瞄向了日本。日本的木材主要是柳杉，而且保护得特别好，因为日本政府对木材的砍伐期要求特别严格。

日本每年都有一段时间会出现一种流行病，就是花粉症，而花粉症的主要来源是柳杉。于是日本政府决定有计划地砍伐一批柳杉。文洁得到这个消息以后，就去找日本木材供应商，让他们帮助收购这些木材。就这样，文洁把日本的木材引进到了中国，一直用到现在。

现在，文洁已经是面向全世界购买木材了，哪个国家的木材价格低，就购买哪个国家的。而且，要将全球的木材做比较、做分类，然后进行选择性的采购。

采购木材是一门社会艺术，文洁在这上面交了很多学费。

1998 年以后，文洁开始转向东北购买木材。她第一次去东北就采购了两车皮桦木回来。在这之前，她从没接触过桦木，对这种木材一无所知，因为价格便宜，看起来颜色又好，就在火车站直接买了。

成交过程十分简单，就是有人向她推销，她去看了一眼就买了下来。钱付了，卖给她木材的人也已经走了。木材运回上海，等到上机切割的时候，才发现这些桦木全都腐烂了，整整两车皮木材，一根都不能用。七八万块钱就这么打了水漂。

这次交易给文洁上了一堂课，她从中学到了不少。原来，桦木跟落叶松、樟子松、马尾松这些树种不一样，它是从里往外腐烂，表面看起来好好的，可能芯子已经腐朽了，根本看不出来。

那时候文洁经常往东北跑，而且是单枪匹马一个人。她仗着自己年轻又练过武术和柔道，胆子很大，喜欢一个人行动。她觉得有男同事陪不方便，带个女同事自己还要照顾她。

东北林区招待所的条件一般都很差，外头多冷里头也差不多有多冷，而且房间里都是好几张床，一张床两三块钱一晚，啥人都住，卫生也不好。文洁一般不住招待所，每次去东北之前，她就去上海城隍庙买些大白兔奶糖、五香豆，还有上海的针织帽子、手套等，带上一大堆。到了林场，她就一家一家敲门，寻找适合自己入住的人家。只要房子干净，家里有老人、小孩，人口多，她就跟人家商量，让人家留她住两晚。

林场职工对外面来的人都很客气，特别是看到文洁一个女同志就更热情了，会把热炕头让给她睡，还拿出自家腌制的各种肉和当地特产招待她。

文洁喜欢小孩子，很快就跟人家的孩子和女人们打成一片，有说有笑。东北人待人热忱，他们给文洁穿上毡靴子，带着她坐马车去林场。文洁就这样跟林场的人全都交上了朋友。中国人做生意容易掺杂感情，尤其"东北那嘎达"，人豪爽，讲义气，认识了、熟悉了，生意也就好做了。

物流与托盘

　　物流的概念最早是在美国形成的，起源于 20 世纪 30 年代，原意为"实物分配"或"货物配送"。1963 年被引入日本，日文意思是"物的流通"。20 世纪 70 年代后，日本的"物流"一词逐渐取代了"物的流通"。在中国，"物流"一词是外来词，是从日文资料引进来的，进入中国的时间大概在 20 世纪 70 年代末，也就是说，物流的概念进入中国是改革开放以后的事。

　　"物流"来了，紧随其后的便是托盘，因为物流离不开托盘，而托盘又依附于物流，所以物流的发展必然带动托盘的发展。

　　托盘是物流产业中最为基本的集装单元，它随着产品在生产企业、物流企业、零售企业和用户之间流通，它与产品生产线、产品包装、叉车、货架、公路和铁路运输车辆、轮船、集装箱和仓储设施等许多方面均有较为严格的尺寸匹配关系。因此，托盘标准化是物流产业最为基础的标准，托盘的标准化直接决定了物流的标准化进程和现代物流产业的运作成本。随着世界范围内的物流热潮升温，国内的物流企业也迅速发展壮大。但是作为现代物流基础环节的托盘却没有标准化，势必在将来影响中国物流企业的健康发展。可能在短期内影响还不突出，但随着物流行业的发展，其"瓶颈"作用会越来越明显。据悉，目前标准化托盘的使用率，澳大利亚为95%，美国为55%，欧洲为70%，日本为35%，韩国约为27%。在美国、日本，托盘是一个巨大的产业，政府为推进物流标准化、提高托盘的利用率，相继出台了多项鼓励政策和优惠措施。而中国标准化托盘使用率的提高还有很长的一段路要走。

随着我国物流行业的持续发展，托盘使用数量越来越多、使用范围越来越广。托盘在企业间循环利用的问题开始成为我国物流发展的瓶颈。对比经济发达国家托盘循环利用的主要模式，结合我国托盘市场的发展现状，我国应该尽快建立托盘联营公司，采取租赁交换模式来引导托盘在企业间合理循环利用，促进我国物流服务业的健康发展。

当人们还不知道托盘为何物的时候，托盘已经在企业家手里变成了谋取"第三利益源泉"的工具，发挥着极其重要的作用。

现代托盘诞生至今已经过去七八十年光景，它在世界经济发展中扮演着举足轻重的角色，我们通过下面这些数据可以窥见一斑。

　　截至 2018 年，美国的托盘保有量为 21 亿个，80% 以上的商品贸易由托盘运载；日本的托盘保有量约为 8 亿个，商品贸易由托盘运载的比例也已经达到近 80%；我国的托盘保有量大约为 14 亿个，差不多人均 1 个。中国市场潜力很大，目前以每年 2000 万个的速度在增长。其中木质托盘约占 90%，塑料托盘约占 8%，钢托盘、塑木托盘及其他材质的托盘约占 2%。

　　托盘自 20 世纪 70 年代末进入中国以来，在物流行业中发挥了巨大的作用。这里所说的托盘其实就是木托盘，木托盘从起源到现今已有将近 100 年的历史，至今仍然是使用最广泛的一种托盘。

　　目前看来，我国的托盘使用很多还只是局限于生产、零售企业之间的内部周转。一般自购托盘的厂商会将载着货物的托盘送到配送中心或经销商处，在到达目的地后卸下货物，卸货完毕就将托盘留在车上，随车辆一起返回。这种方式不仅会增加卸货作业的次数、浪费人力物力，而且还存在出货高峰期托盘不够用、淡季时托盘闲置的情况。企业多支付了维护管理费用，还浪费了托盘资源。

　　因为托盘的国标执行力度不够，早前一些企业甚至盲目、随机采用了国外托盘标准，目前我国市面上流通的托盘有 30 多种规格。这些托盘有按照国标生产的，有企业按需求自制的，也有进口企业从国外进口商品时遗留下来的，来源五花八门，规格相差甚远，很难做到共享流通。

托盘本身是为配合高效物流而诞生的一种单元化物流器具，可以说是贯穿于现代物流系统各个环节的连接点。但是在我们实际使用中由于规格不统一，造成托盘不能在物流作业链中流通使用，仅局限于企业内部。这是对资源的一种浪费。因此托盘的标准化，除了要做好自身外，也需要对上下游的装载工具进行标准化。为此，我国出台了多个文件来规范行业标准。

第三节　命运的考验

人生原本就是一场没有脚本的邂逅与离散。

2005 年，曹文洁的生活发生了巨大改变，曾经幸福的一段婚姻走到了尽头。生活的巨变波及了她的事业，原本顺风顺水发展的企业，一下子变成了一只在风雨中飘摇的小船，不知道何去何从。

尽管文洁一直以来把大部分的精力都放在了事业上，但她依然是个女人，一个充满爱的母亲，家庭一直是她心灵的港湾和依靠。当时她有两个女儿，大的念初二，小的还不到 3 岁。父母婚姻的变故，对孩子打击太大了，尤其是大女儿，她一直是班里的优秀生，现在变得沉默寡言，学习成绩也一落千丈。

她再也不能给两个女儿一个完整的家了。

被丈夫辜负的心痛、对孩子的愧疚，让文洁痛不欲生，她常常整夜整夜无法入睡。在最初的几个月里，她好像陷入到痛苦的泥沼里，不能自拔，根本没心思顾及企业的事。吃不好、睡不好，人变得憔悴不堪，体重也一下子减轻了 30 斤。

一天晚上，已经很晚了，文洁独自一人坐在地铁站里，呆呆地看着地铁来来去去，行人来来往往。世界还是那个世界，人世间的事儿，似乎多一个不多、少一个不少；那些匆匆行走的人，似乎也一样，少一个不少、多一个不多；今天这个夜晚照样会过去，明天的太阳照样会升起。

好像每一个人都行色匆匆，心无旁骛。在文洁眼里，这世界、这车站，还有这夜晚，都显得那样孤寂、那样无所适从。这些人，他们这是要去哪儿？回家吗？

家，在这一刻，在文洁心里，变成了一个彩虹般美丽而虚无缥缈的东西，只能远远地看着，不能去触碰。

文洁心里有很多想法，多到凌乱不堪、没头没绪。

她在地铁站待了很久很久。突然觉得对生活、对大千世界，还有对自己，都有了一个全新的认识。她觉得世间有多少生灵就有多少世界，每个世界都在生灵的心中，其心中有多少想法，其因缘有多广，其世界就有多大。这世界是由爱与信念支撑的，每一个人的世界都独一无二，每一个人在其自己的世界中都有义不容辞的责任，每一个匆匆赶路的人，都是自己世界的主人。他们都在用自己的方式，努力使自己的世界变得更温暖、更美丽。

她也想到了自己的企业，还有企业的员工们，他们当中的许多人在建厂时就跟在母亲身边干了，他们的生活与企业紧密相关，企业的命运关乎他们每一个人的幸福。而且，他们每一个人身后都有一个家庭，他们需要养育孩子，需要照顾老人，从这个意义上讲，企业某种程度上就是他们的世界。

想到这儿，文洁自责起来。相比这么多人的幸福，自己的痛苦又算得了什么呢？她不该把自己的悲伤强加到企业头上，影响企业的正常运作，让员工担惊受怕。父亲从小就教育她，无论如何，人都不能放弃肩上的责任。

文洁告诉自己必须坚强起来，收拾起破碎的心，承担起培养两个女儿身心健康的责任，重振即将土崩瓦解的企业。人不能只为自己活着，有那么多人的命运和自己连在一起，不努力，就不配做人。

就在那天夜里，在地铁站，文洁彻底想通了。第二天一早，她带着两个女儿去了照相馆，拍了一张三人照。她把这张照片带在身上，时时提醒自己、鼓励自己，她不是一个人在奋斗。

从那时开始，文洁沉寂下来，用一颗至诚之心，把注意力集中到企业中、集中到孩子身上。对于小女儿，培养她画画、练琴、溜旱冰，像当年父亲培养自己一样，用心栽培。为了帮助大女儿走出那段分家离别的痛苦，文洁带着她一起逛街、一起看电影、一起会朋友。大女儿也没有辜负妈妈的良苦用心，很快调整好了心态，学习成绩也开始提高了。

文洁把心思重新投入到企业里，与员工们的关系也更近了。她心里怀着感激与责任，工作热情空前高涨。原本为她的状态担忧的工人们，也放下了心里的一块石头，振作起精神，更加努力地工作。企业又步入了正轨，几个月来造成的损失，开始一点点挽回。

人，看待生活的态度变了，世界也会跟着改变。文洁的人生也有了一个崭新的变化。

曹文洁从妈妈手中接过通联木器厂，历经 11 年，一直在跟着时代的潮流走，跟着市场的需求走，在不停的变化中求生存。由懵懂到成熟，她在不断开拓中成长为优秀的经营者。

新通联也如初升的红日，喷薄欲出。然而，大器所成必经千般磨炼，人生与经营领悟需历尽苦难。命运对曹文洁和新通联的考验还没有结束。

王阳明在《与王纯甫书》中说人之成长："譬之金之在冶，经烈焰，受钳锤，当此之时，为金者甚苦。然自他人视之，方喜金之益炼，而惟恐火力锤煅之不至。既其出冶，金亦自喜其挫折煅炼之有成矣。"这正是曹文洁成长的写照。

改革开放 40 年，中国向世界打开大门，一批批外资企业也陆续进入中国市场。那是一次次美妙的相遇，如通用汽车、巴斯夫、施耐德、江森座椅等。

文洁凭借企业家的敏锐，很快发现这些外资企业的产品包装跟中国企业不一样，区别很大。中国企业普遍采用的是木箱包装，而这些外资企业的产品则采用上面纸箱下面托盘的包装方式。

她开始研究这个市场，分析对比两种不同包装形式的特点以及成本。从自己企业的角度考虑，还是做木箱利润高，因为做木箱时将圆木切出来的方料可以做木箱的底方，而剩下的边角料可以做木箱的身板、围板、盖板、底板，一点也不浪费。一般木箱的利润能达到 40% ~ 50%。但是做木托盘就不一样了，木材都是真材实料，方子必须是上好的木料，而且要四面见线，不能带树皮、不能带钝棱等。

通过方方面面的权衡分析，文洁决定迎难而上，接受外资企业对产品和服务的挑剔要求，这无论对她本人还是对新通联，都是一次挑战。一直以来，她经营企业最伤脑筋的事就是收款。她跟国内企业打了多年交道，深知收应收款是一件大事，说好两个月的账期，到期了还得找他们去要，还往往要不回来，一拖再拖，拖个一年半载都不新鲜。文洁常常被应收款压得喘不过气来。不过，文洁发现跟外企做生意就没有这个顾虑，外企付款特别利索，说好两个月的账期，你都不用催，到时间钱就打过来了，一天都不会拖。

文洁决定把大部分精力都放在开发外企市场上，通过外企业务来盘活资金。其实，这是一举两得的事，一方面盘活了企业资金，另一方面企业也得到了提升，因为按照外企的要求，从产品质量、服务理念，到现场，都要按照 ISO 9000 体系来。

1999 年，包装市场发生了变化，出现了一种新品，叫"蜂窝纸"托盘。这个替代性产品的出现，让文洁感到了危机。她开始研究这个市场。她发现，目前"蜂窝纸"的制造、工艺都不完善，客户对这东西也比较陌生，市场需求量很少。但是，文洁却从中发现了商机。因为木托盘上面必须有纸箱，所以开办纸箱厂应该是一个不错的主意。

2000 年前后，美国、加拿大以及欧盟对我国输出的木包装提出了无害处理等要求，这对出口量巨大的木质托盘造成了很大的影响，同时增加了成本。各地企业纷纷开始研制代木托盘。

这些代木托盘主要包括塑料托盘、钢托盘、塑木托盘、纸浆模塑托盘和纸板托盘，共五种。它们各有各的优点。其中，纸板托盘因为价格低，质量轻，运输成本低，表面平整光滑，缓冲性能优良，免熏蒸和卫生检疫，可回收再生利用，符合绿色无污染趋势等优势而得到了广泛应用。

这一年，包装行业兴起一个口号叫"以纸代木"。大家都看好蜂窝纸板，认为它做成的纸箱将替代胶合板箱，进而替代木箱，替代木托盘。

2008 年的统计数据显示，国内纸托盘占整个托盘年度使用量的 4.10%，在各种托盘中排在第三位。随着环保要求和纸板承载能力的提高，纸板托盘的用量和比例逐步增加。

看到这些数据，文洁有点坐不住了，万一哪天木托盘被替代了怎么办？她感到了危机。但转念一想，这会不会是上天昭示她的一个新定位呢？木托盘行业因为门槛低，什么人都能进，早已杀成一片红海。就产品本身而言，木托盘没有任何科技含量，因此也难有创新机会。这就意味着如果不持续开发新客户，很难再找到新的利润增长点。

文洁动了再开个纸箱厂的念头，可是她有这个资金实力吗？

她开始对纸箱行业做调研。据了解，国内的纸箱厂分为三级：一级厂业务最全，生产线最多，它们可以造纸，可以生产瓦楞纸板，也可以把瓦楞纸板加工成纸箱；二级厂不造纸，少了造纸的机器，只生产纸板并加工成纸箱；三级厂则是从一级厂或二级厂买瓦楞纸板回来，再加工成纸箱。

最后，她将新通联的纸箱厂定位在三级厂，因为这样投资最少，只需投几百万购买印刷设备就行了。而且，他们可以"借鸡生蛋"：向二级厂买纸板，可以赊两个月的账；做好纸箱发给客户，客户一般也会赊一两个月（或90天账期），一来一去，不额外占用资金，有利于周转。另外，建三级厂的仓储压力小，只要有一个半月的备料就行，货物周转也快。

那时候，新通联的主营业务仍然是木托盘，但许多大客户曹文洁攻不下来，因为他们与老的托盘供应商关系深厚。谁知新通联纸箱厂投产后，反而带动了木托盘业务。那些大客户先是从新通联采购了纸箱，时间久了，感到这家企业产品质量和服务都不错，也就接受了它的木托盘。

这又是一次做加法做得非常成功的例子。

由于纸板的特性，纸板托盘也存在一些明显的缺点。纸板托盘容易受潮、也经不住泡水，那样的话强度会大大降低。要想提高防潮防水性能，必须采用覆膜、喷油、涂蜡等技术，如此一来又会与环保要求相悖。所以，纸板的防潮、防水处理是目前一大难点，如果解决了这个问题，纸板托盘的应用范围会更加广泛。

纸板托盘的脚墩与铺板一般是采用黏合的方式连接，结合力较弱，叉车进叉时极易造成脚墩损坏或连接处剥离移位，从而影响托盘的承载强度和使用性能。因此，需要研究新的铺板与脚墩的固定技术。

纸板托盘的承载性能是依靠其整体协同来实现的，但瓦楞纸或蜂窝纸板的载荷能力还不能与木材相比，叉车操作时要确保在提升托盘前将整个叉臂完全进入叉孔。总之，作为代木材料，纸板托盘在防潮性能、铺板和脚墩承载能力，以及综合性能的提升方面还有许多工作要做。

他山之石

托盘作为一种重要的物流器具，装载着货物从生产企业，向批发企业、零售企业和用户流通，在货物到达用户手中之前，很难确定托盘的地域去向、使用时间、所有权归属，因此必须在相对独立的经济区域内或全国范围内建立起有效的循环利用机制，才能保证托盘与货物的一体化流动。从产品用户角度来看，用户真正想购买的是货物，而不是用来载货的托盘。在托盘循环利用机制没有建立的情况下，如果要求用户在购买货物时一并购买托盘，一方面增加了用户的负担，另一方面也造成了社会经济资源的浪费。从供应链的角度来看，产品生产企业始终是托盘的需求方，而产品用户始终是托盘的接受方。如何使得托盘从分散的产品用户（或零售商）返回到四面八方的产品生产企业，保证托盘有效循环，实现托盘一贯化作业和社会化应用，已成为当前中国物流行业转变运作模式、提高物流效率、改善服务质量、发展物流循环经济的关键所在。

欧洲大陆的国家之间，从 1961 年就开始采用交换模式，促进托盘在国际间流通。并且，相应成立了欧洲托盘管理协会，专门负责制定托盘流通规则，协调协议成员国之间的关系，保证托盘在欧洲 17 个国家之间的顺畅流通。

目前，许多先进发达国家，都采取了各种各样的托盘循环利用模式（有的学者称之为"托盘联营模式"或"托盘共用系统"），保证托盘在供应链主体之间循环利用。归纳起来，国外托盘的循环利用模式主要有以下三种：

一、交换模式

交换模式是指产品生产商在生产活动结束以后，直接将产品集装到托盘上，当产品生产商向批发商、批发商向零售商供货时，承运商向生产商、批发商交还同等数量和规格的托盘，当货物交付给批发商或零售商时，承运商再向批发商、零售商索取同等数量和规格的托盘，用户和零售商之间也以同样的方式交换托盘，以保证托盘在企业与用户间顺利流通。托盘的这种循环利用模式按照交换托盘的操作细节不同，又可以细分为以下三种模式：

1. 对口交流模式。主要是有托盘紧密协作关系的企业之间签订托盘共用协议，托盘可以在协议企业之间自由流通，共同承担接收、使用、回送、维修、归属、滞留期等义务，到了一定时间进行清算。这种流通方式起源最早，但应用范围相对较小。瑞士铁路公司最早采用这种模式来提高铁路公司与大客户之间的营运效率。我国交通部曾经拨专款，于 1965 年在北京广安门车站和上海东站之间，以及 20 世纪 80 年代上海和大连两港一线之间采用过这种模式，来促进我国物流托盘在企业与运输公司之间的流通，但由于管理不善、流通机制不灵活，最终均以失败告终。我国物流托盘流通事业已经整整落后发达国家 50 年之多。

2.及时交换模式。这种交换模式主要是以承运商为中心，承运商在承运货物时，向发货人交付同等数量和规格的托盘，当货物到达目的地时，再向收货人索取同等数量和规格的托盘。在交换的过程中，如果当时没有足够数量的托盘，允许缓交，但必须支付相应的滞纳金，超过缓交期限需要交纳高额罚款。欧洲 17 个国家从 1961 年就开始依托各国铁路运输公司使用这种托盘流通模式了。

3.结算交换模式。主要是针对及时交换模式的缺点而产生，其交换的程序与即时交换模式基本相同，只是不需要在现场交换托盘，而是通过传票来处理，在规定的日期内归还相同数量和规格的托盘即可。如不能在规定的日期内归还或造成丢失，托盘用户必须支付赔偿金。由于农产品的供应链较短，长期以来荷兰农产品拍卖行与农产品生产商、批发商之间一直延续使用这种模式。

二、租赁模式

租赁模式是在供应商、承运商、批发商、零售商和用户之外，建立另外一个拥有相当数量托盘的营运公司，在全国或世界主要国家建立托盘服务站点，全面负责托盘的租赁、回收、调配、清洁、维修和更新，并向托盘用户收取租金的托盘流通模式。这种流通模式最早产生于澳大利亚。

三、租赁交换模式

这种模式是交换与租赁两种模式的有机结合，当装载货物的托盘在生产商、批发商、零售商与承运商之间循环时，对于供应链较短、协作关系稳定、交换托盘容易的产品采取交换模式，对于供应链较长、协作关系不确定、交换托盘困难的产品采取租赁模式。这种模式是市场选择的必然产物，顺应了各种厂商对托盘的需求。

第四节　机会属于有准备的人

新通联的"纸箱＋木托盘"业务发展起来了，但文洁依然觉得增长乏力。母亲 1994 年将企业交给她时，销售额是 800 多万元；到了 1995 年和 1996 年，增长到 1000 多万元；到了 1997 年、1998 年，达到 2000 万～3000 万元；从 2000 年到 2005 年，则一直保持在 3000 万～4000 万元。公司似乎到了一个增长平台期，直到 2006 年遇到柯尼卡美能达公司。

"那是我做企业至今遇到的最大挑战，前所未有。"

回忆起跟柯尼卡美能达打交道的经历，文洁依然感慨万千。

2006 年的一天，有个同行找到曹文洁，说自己打算退出柯美供应商行列，因为实在忍无可忍了。柯美，即日本公司柯尼卡美能达（Konica Minolta，简称"柯美"）。和这位同行打交道的是柯美无锡工厂。同行抱怨说，柯美对供应商太苛刻了，对产品质量要求简直到了"变态"的地步，挣他们的钱比登天还难。

曹文洁听罢，眉头一扬，对那个同行说："那你推荐我去做吧，我想试试。"

同行像看怪物一样瞄了她一眼，别人避之不及，这个人还要往前冲。但他转念一想，面前的这个女人在行业中可是出了名的不按常理出牌，也就不觉得奇怪了，遂引荐文洁去跟柯美的人接洽。

那时，柯美无锡工厂的供应商纷纷撤离。新通联的人得知消息后，都劝文洁别去惹这个麻烦，如果好做，其他同行就不会退出了，这明摆了是亏本生意，没必要"明知山有虎，偏向虎山行"。

但文洁很坚定，一定要拿下这块难啃的骨头。

当时，文洁手里没有大客户，据她了解，柯美每年有1000多万元的业务量，这个数字对她来说是很大的诱惑。然而，实际数字远比这个惊人得多，柯美每年的业务量竟有9000万之多！在文洁眼里，柯美就是一艘航空母舰，她希望新通联能够成为这只航空母舰上的一架小飞机，跟着它远航，去开拓更加广阔的世界。

这是一次机会，她一定要好好把握。当时，文洁已经跟一些日本企业做生意了，知道他们的一些行业习惯，同行业的采购也常常聚在一起，分享各类供应商信息和资源。如果新通联跟柯美合作得好，其他企业得知后，也会慕名而来。

柯美公司是世界一流的复印机制造商，产品质量很大程度上取决于供应商的品质，而现在老供应商不干了，新供应商又接不上，它有些坐不住了。所以，见有人冲上来投标，而且公司资质齐全，现场管理也不错，很快就签了合作协议，让新通联加入其复印机生产线的最后一道工序——提供纸箱并包装。

虽然文洁早有心理准备，柯美对产品质量的严苛程度还是远远超出了她的想象，那不叫"要求"，那叫"折磨"，叫"变态"。

当时，柯美无锡工厂的建厂时间不长，工厂招进来一批新员工。主管为了让新员工熟悉品质管理的每一道程序，就安排他们从检验纸箱开始。于是，新通联的纸箱就成了"小白鼠"。二十几个柯美新员工面对面坐在一张长桌两侧，纸箱一个个在这些人手里流传，一个看纸箱的这一面，另一个看另一面，这个看纸箱的尺寸，另一个看纸箱上的印刷字……发现纸箱上的任何一点瑕疵，都可以把它当废品处理。这哪里是在检查产品质量，分明是在鸡蛋里头挑骨头嘛。比如，不允许纸箱板上有任何污渍或斑点，甚至不允许有手印，而这在造纸和印刷过程中很难避免。

这还不是最厉害的。最让人头痛和难以接受的是，只要一个纸箱被这些新人检查出来哪儿有问题，质量不合格，就会增加产品抽检的频次，本来只需要抽检5%，现在要被抽检30%～50%；如果再发现问题，就开始全检。如果有一个批次质量不合格，新通联就将面临全部货物被退回的处罚。有时废品率高达50%。

新通联上上下下所有人都接受不了柯美的这些做法，再次劝文洁放弃这个刁钻的客户。一时，文洁陷入四面楚歌的境地。一方面，她还没完完全全从婚变的泥沼中爬出来，财产分割后她实际上是在负债经营。为了给柯美提供更好的服务，她不惜投资七八百万元在柯美无锡工厂旁边租了厂房，并配置了新印刷设备。可换来的是什么呢？ 2000 平方米的仓库已经被柯美退回来的"废品"堆满，那可是几百万元的货啊！而且，"废品"还在源源不断地从柯美一车车拉回来……

看到这样的情形，文洁心里在流血。

然而，还有更坏的消息。因为柯美对纸箱的苛刻要求，必然导致新通联对纸板的要求提高，这使得纸板供应商也叫苦不迭。一时间，业内已经没有纸板供应商愿意给新通联供货了。

柯美要求产品合格率 99.99%！

对一个供应商来说，这是一项不可能完成的任务，简直就是陷阱，继续走下去只有死路一条。员工们开始担心了，怕将来连工资都领不到，白忙活一场，一个个萌生去意。从不"拼爹"的文洁急了，第一次在外人面前"炫耀"起自己的家世，她对员工们说："我父亲是做房地产的，家里有的是钱，你们跟着我干，绝对不会亏欠你们的工资，放心好了。"

文洁没有说谎，她说的是事实，但还有一个事实，她那时正带着 3 岁的小女儿住在员工宿舍，连自己的房子都没有。从小到大，她从没张口向父母求助过，离婚后更是，她怕他们替自己担心，所以宁愿住在条件简朴的宿舍里，也不回家里去住。

不是因为"拼爹"，而是因为她的坚毅和执着，员工们感动了，没有一个员工离开她。大家愿意留下来，跟她共渡难关。

面对困难与煎熬，文洁扪心自问：顾客将业务委托给了我们，我们真的尽全力了吗？我们的工艺还有没有改善和提升的空间？

放弃一件事情很容易，难的是坚持和不退缩。

有时，文洁这人更像邻家妹妹，而不是一个企业家。遇到困难，她首先想到的并不是自己，而是别人会怎么样。当是否要放弃柯美的念头闪过脑际，她首先想到的不是自己失去商业机会的问题，而是柯美怎么办？如果她放弃了，柯美能找到稳定的供应商吗？如果找不到，他们就将面临停产。

在旁人看来，这真是杞人忧天。

再说，柯尼卡美能达是一家非常优秀的大企业。跟这样优秀的企业打交道，可以学到很多先进的管理经验，自己也会得到很好的锻炼和成长。

文洁儿时有一个梦想，那就是成为武林高手。武林中人都渴望与高手过招，这样才能提高自己的功力。现在，新通联遇到了柯美这个"高手"，文洁的斗魂被激发了出来，她绝不放弃。

"我们没有理由辜负顾客的期望，无论有多困难都必须克服。再说这是锻炼整个团队管理水平、提升管理能力的最好机会。"文洁对自己的管理团队这样讲。

主意拿定，文洁开始做员工的思想工作。首先和大家明确，柯美的业务必须做，良品率必须达到可接受的 99.99%。尽管大家对目标仍有怀疑，但任务明确，已经没有退路。新通联成立了攻关小组，从集团公司调派了富有经验的人员提供支持。为鼓舞士气，文洁自己也加入了攻关小组，坚持每天出现在现场。

由于新通联配套柯美的工厂设在无锡，小女儿还只有 3 岁，文洁每天必须在无锡和上海之间来回跑。那段时间，她差不多每天晚上只睡四五个小时。她有晕车的毛病，经常在路上难受得呕吐。她克服身体的不适和家庭的拖累，带领员工全力以赴，经常工作到深夜。

有一次她带队去无锡，本想当天返回上海，结果到现场发现问题十分严重，遂临时决定必须把问题解决了再回上海。连续几天，员工们都扎在车间，困了就合衣睡一会儿。因为没带换洗衣物，当任务完成时，大家身上的衣服都跟抹布一样脏了，机油味儿混合着汗臭味儿，都快把自己熏晕倒了。但是，员工们一点都没有抱怨，因为老板也跟他们一样，一连几天没休息了。

后来，新通联跟柯美一直合作愉快，双方的关系似乎已经超出了供应商和客户的关系。在文洁心里，柯美的事儿就是自己的事儿，不能因为自己的原因让柯美的声誉和品牌遭受损失。每天柯美退回多少货，新通联就加班加点再生产多少货补过去，保证不影响柯美的复印机出厂。与此同时，文洁也开始四处招募有资深行业经验的人，来加强和提升企业的内部管理。

有一次，新通联无锡工厂把柯美纸箱的产品编号印错了。

这可不得了，这件事居然把柯美日本总部都给惊动了，对方专门派了两名调查员到无锡工厂现场调查处理。

按说在国内，这样的错误在任何一家纸箱厂都会发生，并不是多么严重的事儿，因为印刷时纸板规格都很相似，操作人员稍不注意就会弄错。然而，这对柯美来说却是重大事故，虽然印刷错误在柯美生产线上被及时发现，没有造成多大损失，但日方的重视程度超乎想象。

柯美日本总部派来的两名调查员到达现场后，开始跟新通联的人一起检查出错原因。在无锡工厂看来，这件事一点儿也不复杂，甚至简单到一句话就能说清楚：操作人员错拿了相似的印版，没检验出来呗。

可是，在日方专家看来，这种说法完全不对。首先，这样分析问题就不对。为什么相似的物品能拿错？拿错为什么不能检验出？为什么没有把客户原图附在后面，据此做一一对应检查？

一连串"为什么"把无锡工厂的人一下子问蒙了，不知道该怎么应对人家提出来的这些问题。可见，柯美公司过程管理的思路是多么精密、严谨，这也正是他们能够制造出世界一流产品的原因。

通过一段时间的合作，柯美也看到了新通联的用心和努力，及时帮他们开展了"纳入不良为零"的供应商支援活动，从日本本部派出现场管理专家深入新通联，与新通联的员工一起梳理流程，改进工艺。

日本专家进厂三个月后，在没增加制造成本的情况下，新通联的产品合格率由 50% 提高到了 99.99%，无论是合格率还是质量稳定性都超出了客户期望。这次成功，不仅给公司带来了利益，也带来了荣耀。订单完成了，声誉保住了，公司的管理也在这次挑战中得到了提升，新通联无锡工厂快速进入了正常轨道。随后，新通联被柯尼卡美能达授予了"优秀供应商""VE（Value Engineering, 价值工程）贡献奖""质量金奖"等称号。包装材料供应商被柯尼卡美能达授予如此多的荣誉，这在中国供应商中还从没出现过。

地狱与天堂，往往只隔着一个心念的距离。

曹文洁的坚韧和诚信，让新通联无锡工厂的局势发生翻转，当年公司的业绩就实现了 100% 增长，达到 1 亿元左右。这个成绩让曹文洁感到骄傲，也让她对柯美充满了感恩。

曹文洁曾说："遇到柯尼卡美能达之后，我才知道什么叫真正的管理。正是在他们的帮助下，新通联才有了规范化的、系统化的现代企业管理，这为我们后来上市打下了基础。当然，柯美给我们留下的最宝贵的财富，还是思维上的，是对我们经营者的'洗脑'，教会我们如何看待生产经营中的问题，绝不忽视任何一个现场改善的机会。"

德国研究隐形冠军的学者赫尔曼·西蒙（Hermann Simon）将那些总是提出最高要求、爱刁难的客户称为"顶尖客户"，它们会迫使供应商不断改进产品和服务。西蒙说这些顶尖客户其实是最好的举荐人，如果企业能与它们缔结长期的供应关系，那就证明自己能让世界上最挑剔的客户满意，占领市场的剩余部分就不是一件难事了。

柯美，这个最难啃的骨头，让新通联又怨又爱，正是西蒙说的顶尖客户。

2006 年，新通联销售收入实现翻番，达到一个亿。这是新通联收获的一年，也是企业精神凝聚、形成、强大的一年。经历了这次磨难，新通联焕发出了更加顽强的生命力。

第五节　跟着客户的需求走

托盘的价格附加值很低，如果运输超过 200 公里以上，利润就会全被物流运费吃掉。为了应对这种情况，文洁在新通联推出了"跟着客户走"的经营策略，就是客户在哪里，新通联就把工厂建到哪里。

从 2005 年开始到 2019 年，在十多年时间里，新通联在国内外已经建立了 12 个生产基地，把"跟着客户走"的经营战略一步步落到了实处。

2006 年，新通联成为柯美的供应商，因为柯美的工厂在无锡，新通联便率先在无锡设立了基地；2007 年成为佳能供应商后，新通联又在苏州建立了基地；2010 年广达搬迁到重庆，新通联便也跟到了重庆……

2005 年，新通联只有一个生产基地，10 年之后的 2015 年，生产基地增加到 7 个，到了 2018 年，新通联已拥有 11 家全资子公司和一家分公司，其中有一家还开到了马来西亚，承担着拓展东南亚玻璃、汽车零配件、办公电子设备、空调等多领域市场的任务。2019年，公司又在越南建立了工厂。

托盘行业有一个致命的弱点，那就是受木材价格的制约。对托盘企业来说，木材市场行情就是晴雨表。同样的木材，这个月的价格每立方米1000元人民币，下个月就有可能涨到每立方米1900元甚至更高。再过一个月又有可能跌到1500元左右。木材价格随行就市，波动很大，这就给采购人员制造了钻空子的机会。

这是木制品行业所面临的现实问题。很多企业做不大，就是因为不好管理，为防止采购人员做手脚，老板只好亲力亲为，自己采购木材、自己做销售，只把中间环节——生产，交由别人管理。

产品升级了，曹文洁又开始琢磨厂房升级。她想，企业发展必须扩张，一定要有自己的标准厂房。

2003年，上海宝山工业园区获准建设，确立了以新型工业化带动农村城市化为开发理念。在优惠政策上，园区企业被认定为高新技术企业的，企业所得税按15%征收。嗅觉灵敏的曹文洁又一次抓住机会，积极争取在罗泾买地建工厂。

一切看起来是那么机缘巧合。2016年12月，曹文洁的新工厂罗泾工厂建成。按照计划，曹文洁的旧工厂将在2016年12月3日搬迁至新厂。恰巧，根据环保治理要求，由于整个大康村的环保不达标，全村所有企业必须在 2016 年 12 月 2 日关停。对于曹文洁来说，虽然新旧工厂的交接在时间上就差一天，可是工厂还有订单要交付。最终，她决定咬牙自己解决，既按时完成了搬迁，又没影响订单交付。她做到了。

随着经济的全球化，中国企业面临的问题越来越多，尤其是管理上存在短板，亟待补足。在这方面，曹文洁也付出过代价。

前面我们提过，2006 年底，日企柯美在无锡设立了一个生产复印机的工厂，由于日本员工对产品品质和管理理念要求严苛，导致中国包装材料厂商提供的产品不合格率高达 50% 以上，很多企业决定放弃跟他们的合作。但是，曹文洁却迎难而上，接下了柯美的单子。

当时她算了一笔账：从经营上，柯美一年能给公司带来千万级别的单量；从管理上，则是企业的一次质变。

刚开始，新通联给柯美送过去一卡车货，因为不合格，退回来的差不多也是一卡车。这件事搁一般人头上，早就不干了，但曹文洁不一样，她从没想过放弃。她一边和柯美反复沟通谈判，一边尝试按照柯美的要求来制定流程标准，在每道工序上都增加检验频次……

最终，柯美被正式列入新通联客户名单。

与柯美的合作，令曹文洁深刻体会到供应商和客户紧密合作给双方带来的价值，柯美的不离不弃和无私的指导援助，令曹文洁心生感激。她体会到，回馈客户的最佳方式便是站在客户的角度思考，想办法替客户省事省钱。

于是，她想出一项新的业务模式，推出一站式包装综合解决方案：从传统制造一端向上延伸，为客户提供包装方案设计、可靠性测试等一条龙服务；另一端向下延伸到客户现场，为客户提供产品打包、仓库管理服务替客户节省损耗，让客户专注于自己的专业领域。

一般说来，一站式服务总是伴随着价值创造的深化，势必产生新的增长潜力。系统化的解决方案能提高客户价值，并给竞争者增加进入障碍。这当然是个好理念，可在贯彻的过程中却并非顺风顺水。

首先，客户是否有这个需要。

2006年那会儿，劳动力市场过剩，工资也不高，大多数客户没有将非核心业务剥离出去的紧迫感，接受一站式服务，就得调整组织结构，很难说服他们做出改变。即便有些客户剥离了一些业务出来，肯定也是肉少难啃的骨头，要么是重体力活儿，要么做起来比较烦琐。

其次，从单一生产服务转向系统化服务将使组织管理的复杂性增加，弄不好还可能影响到企业的核心业务。新通联要想做一站式服务，势必要进入许多崭新的领域，如仓储、现场打包、维护等，又有许多新知识和新技能要学习。另外，客户现场与新通联工厂的作业环境及要求完全不同，"客场作战"难度肯定更高，员工们能适应吗？

再次，新通联将承担更多风险。从外面采购的包装辅料杂七杂八，鸡毛零碎，以前都是客户自己管，现在由新通联来管，若丢失或搞错，都得自己负责。

一站式服务，新通联玩得起吗？

曹文洁认为没有第二个选择，自己不做，生意就会被做的人抢走。

令人欣喜的是，她向霍尼韦尔汽车零部件推广了这个模式后，对方接受了。于是便有了下面的场景。

上海张江，霍尼韦尔汽车零部件事业部的涡轮增压器生产车间。在生产线末端，身着藏青黄条工服的霍尼韦尔员工检查完刚下线的增压器后，交给了他身旁穿着天蓝工服的新通联员工。新通联员工身边有一堆物料，他先将产品标签装入小塑料袋；再取红色塑料盖将增压器的排气阀和进气阀盖住，同时固定好产品标签；然后在零件易折部位填充海绵；之后将零件一个个放入有隔断的纸箱；装满箱后封箱，贴标签；贴完后用塑料薄膜覆盖箱体。箱子已经事先装进了一个铁笼，下面是一个木托盘。这一切完成后，新通联员工开着铲车，将托盘连同箱子一起运到了车间一侧的霍尼韦尔仓库。

而在新通联进驻霍尼韦尔之前，这个车间是另一种情形：木托盘、纸箱、标签、塑料袋、塑料盖、铁笼，各有供应商，有的还不止一家，林林总总加在一起有十四五家。为此，霍尼韦尔专门派了一个采购员来负责协调和对接，备料仓库也要足够大，还要准备大约 20 万元的库存资金。

现在有了新通联的一站式服务，首先 20 万的库存资金省了，因为所有包装物料都是及时（Just In Time, JIT）送到生产现场。"之前这里的仓库有 1000 平方米左右，后来越来越小，现在只有不到 200 平方米了。"新通联驻霍尼韦尔的员工说。

人力资源成本也节省了。采购员肯定不再需要了。原来霍尼韦尔车间里的一条产线上有 33 个工人，一个月包装 4.5 万个零件，共支付工人工资 16.5 万元；现在新通联派来了 30 个工人，只需支付 10.5 万元工资。不仅如此，新通联派来的工人更专业，他们一个月可以轻松完成 6 万个零件的包装任务。最后算下来，霍尼韦尔的生产效率增加 33% 了，工资支出减少了 6 万元。

客户的月包材成本也减少了。以前一台增压器在包装上平均得花五块钱，现在两三块就可以了，节省了 40% ~ 50%。此外，包装材料损失、过量生产损失、仓库损坏等成本也都由新通联承担。例如，以前包装时如果有一个标签不小心撕坏，算霍尼韦尔的内耗，现在则算在新通联账上，客户降本明显。而新通联则可以通过技术方案改进来降低自己的成本。

这个项目后来帮该事业部在霍尼韦尔总部赢得了当年的管理创新大奖。

当初是站在客户角度为客户着想，未承想，利他之后，也利己了。新通联原本一年在霍尼韦尔能做 150 万元销售额，实行一站式服务后，一年做了 1500 万元。

"从行业角度来看，供应商将职员或整个部门安置在客户所在区域来提供便捷的后勤服务，或派系统工程师长期驻点在客户所在地，协助客户安装、维护复杂设备，这样一种与客户进行近距离、深层次的互动接触所带来的价值，已经一次又一次得到了证实。"这是管理学之父彼得·德鲁克说的。他的这段话所说的，好像正是新通联所做的。

新通联的一站式服务不只在后端，更体现在前端。

2009 年，柯美要求新通联帮它的复印机包装降低成本。新通联首先将柯美的复印机拆开来做了价值工程设计，然后测算了集装箱的容量和尺寸，将原来正方形的箱子改为长方形，所有包材成本降低了 11%。纸箱形状改变了，装载率提高了，原来一车能装 33 台，重新设计后能装 44 台，极大地降低了客户的物流成本。

一站式服务模式推动了新通联的业绩大幅提高。2007 年，销售收入从 1 亿元快速增长到 1.92 亿元。与柯美和霍尼韦尔这些"顶尖客户"的成功合作带来了品牌口碑，博世、联合电子、三菱重工等十几家知名企业相继加入新通联的一站式服务客户行列。新通联的销售额到 2008 年猛增到 2.89 亿元。

中国托盘产业发展的基础条件

一是理论基础，包括托盘的产业理论、体系理论、结构理论等。

所谓托盘的产业理论，是指树立托盘是一个独立产业的思想观点和知识理念，以便改变"托盘是个包装器具"的传统认识。

长期以来，人们一直认为托盘是个小东西，相关政府部门甚至不把托盘看作企业的固定资产，致使难以把托盘列入国家项目计划。其主要原因是托盘尚未作为独立的产业被政府认可，因而也就得不到足够重视。

所谓托盘的体系理论，是指托盘是衔接供应链各成员企业之间物流活动的要素之一，也是衔接物流中运输、仓储、包装、装卸搬运、流通加工、配送及信息处理等七个环节的要素之一。托盘作为集装单元化物流或者说集装单元化的主体器具之一，又是物流装备和器具的组成部分。换句话说，托盘在供应链管理、物流作业和集装化装载等整个过程中无处不在、无时不有、不可或缺，如果少了它，那么供应链和物流就不能有效衔接、顺畅运作、全程贯通。因为这是一个系统性的体系，衔接这个体系的正是托盘这个看似不起眼的东西，所以，我们不能把托盘简单视作一样搬运或者包装器具。

所谓托盘的结构理论，是指托盘的分类、托盘术语、托盘标准、托盘架构理论问题。由于托盘已有百年历史，国际标准化组织 ISO 早已为此打下了厚实的基础，众多国家的政府和企业间也都有了共识。而在我们国内，这方面目前阶段还需要进一步开展知识普及和舆论宣传。

二是政府等行政部门和法律、政策的支持。托盘理论的确立、托盘产业的剥离以及托盘业的大发展，会在一个较长的时期依赖于政府的支持。包括法规的制定、政策倾斜，以及工商、金融、税务、海关、商检等部门的支持。实际上，近年出台的物流政策，虽然也出现了托盘共用等内容，但涉及具体问题还是少了一些实施细则。

托盘共用系统的实施，因投资巨大、风险巨大、回收期长、带有公益性，需要政府的政策支持，以及资金投入。

三是托盘发展的环境与氛围。中国物流的发展历程告诉我们，新生事物、新型产业的成长和发展需要开创出适宜的环境，形成一定的氛围。中国物流热的兴起，如果没有 20 世纪 70 年代末和整个 80 年代的知识普及、舆论宣传和启蒙教育，未必能做到。即便是 20 世纪 90 年代后期物流热兴起后,如果不是由于各种物流论坛、物流峰会、物流展会、物流图书、物流讲座、物流培训的广泛开展,加之电子商务等经济现象和社会生活的迫切需要,恐怕政府也不会在 2000 年后一连串地出台物流政策法规。因而我们有理由说,我国托盘业的大发展同样离不开启蒙、宣传、普及与教育,不形成适宜的发展环境和热烈的氛围,单靠一部分人的努力,很难想象托盘大业能铸就辉煌。

四是骨干力量的带动。这里所说的骨干力量,既包括行业团体负责人、专家学者,也包括托盘企业。它们是带动托盘行业整体发展,调动一切可以调动的力量,红红火火地把托盘产业蛋糕做大,让中国的托盘业成为中国物流大发展的重要支撑。

五是托盘的共用与循环。托盘的作用不仅体现在托盘利用的普遍性和广泛性上,也体现在托盘租赁和共用系统的运作上。做好这些的前提是托盘的标准化、机械化和共用化,这是低碳、绿色、循环经济发展的需要,也是人类共同的使命。当然,我们也要懂得,标准化托盘的利用和托盘共用系统的范围不是无限的,日本、韩国目前所使用的托盘中,标准化托盘的占比也仅为25% ~ 45%。

第六节　站在客户的角度思考

　　其实，做人跟做企业是一样的，学他人所长，补自身所短。

　　要做好一个企业，必须了解同行业企业的情况，知己知彼，才能百战不殆。文洁将瑞典的耐帆包装集团当成了对标企业，认真学习，取长补短。

　　我们先来了解一下耐帆集团，它是一家瑞典独资企业，成立于1949年，迄今已经有70多年的历史了。它是世界范围内的跨国专业包装方案及产品供应商，目前为止已经在全球十几个国家设有工厂，三十多个国家驻有业务机构。耐帆是一家上市公司，其亚太总部位于上海，中国区的第一家工厂于1997年8月在无锡设立。它凭借优秀的包装设计、可靠的产品质量以及贴心的现场包装服务，迅速成为中国国内工业包装行业的领跑者，占领了工业包装领域的中高端市场，业务扩展十分迅速。在十多年时间里，耐帆先后在东莞、廊坊、成都、武汉等地建立了区域生产中心，组建起覆盖全国的销售服务网络。

耐帆从一家业务单一的小包装公司，经历了70年的风风雨雨，发展成为现如今在全球范围内为电信、能源、汽车、医疗以及航空航天企业提供包装解决方案的领先供应商，一定有很多值得学习和借鉴的经验。

每一个成功的企业，都有一些值得津津乐道的做法，耐帆包装集团也不例外。它十分注重其分布在各国的业务机构的人员素质，招收生产、工程人员时强调必须拥有多年的行业经验，把行业经验看得很重。

这看起来好像在给耐帆做广告，其实非也，了解和认识同行企业的优势，向它看齐，这才是企业家精神。在这方面，文洁做得不错。

耐帆集团的员工数是新通联的一倍还多，大约有2800人，2018年的营业额为45亿瑞典克朗（约合人民币33.5亿元）。

自从20世纪90年代现代制造业诞生以来，企业的制造战略始终围绕着成本控制、产品研发和市场营销这三个方面。但是，如今迈向服务化的制造业，必须从客户角度重新界定价值链。在转型过程中，曹文洁意识到，最牢固的竞争壁垒是客户的忠诚。

"当客户提出需求，我们站在他们的角度替他们思考，就能得到他们的信任，得到他们的依托，从而得到他们的订单。你利他时，就是利己，这样才能把企业做大。"

为了客户利益，曹文洁甚至可以向竞争对手伸出援手，帮助它们解决遇到的困难。有一家知名跨国化工企业的托盘本来只有新通联一家供应商，后来该企业又引入一家安徽供应商，新通联自此少了一半业务，多了一个竞争对手。一天，安徽供应商的采购经理找到曹文洁求助，说安徽送来的托盘发霉了。曹文洁二话没说，让工人把发霉的托盘拉了回来，加班加点帮忙处理，然后送到客户企业。安徽供应商很感动，说愿意支付仓储费和运费，但曹文洁没收一分钱。

后来新通联在安徽芜湖开厂，为联合电子公司配套包装。联合电子公司的总经理在一次会议上恰好遇到那家安徽供应商，对方向他打听联合电子的托盘供应商，意欲分一杯羹。他说是新通联，安徽供应商一听，说："新通联？他们家的老板是个女的，气量大，她的生意我不抢。"

把挣钱看淡，把客户看重。经营企业，很多事不用想得太复杂，客户提出了要求，只要不违法，就去做。一切自有因果。

不用考虑自己是赢利还是亏损，也不用考虑自己能不能干，先答应下来，再想尽办法做出来。无论什么事，只要你想尽办法，办法自然就会有。文洁始终相信：地上本没有路，只要你敢于迈步向前，路自然会在你面前展现。

在心上做减法，在事上做加法。帮客户做减法，给自己做加法。

这就是曹文洁的答案。很简单，可很多人无法做到。

推动中国托盘标准化

总结国内托盘在使用中存在的问题，大概有以下几点：

首先，托盘的使用方式依然十分落后，不能真正做到物尽其用。托盘本身是为配合高效物流而诞生的一种单元化物流器具，是贯穿现代物流系统各个环节的连接点，但在实际使用中由于规格不统一，所以不能在物流作业链中广泛流通。尽快规范我国的托盘标准，已成为当务之急。"工欲善其事必先利其器"，随着世界范围内的物流热潮升温，国内的物流企业也在迅速发展壮大，但是作为现代物流基础环节的托盘却没有统一标准，势必在将来影响我国物流企业的健康发展。可能在短期内影响还不很突出，但随着物流行业的发展，其"瓶颈"作用会越来越明显。

其次，由于托盘周转方式的制约，企业产品在流通过程中运输成本不断上升。调查发现，绝大多数企业的托盘都是在企业内部周转，产品要经过多次人工搬运装卸，极大地降低了工作效率，增加了产品的流通成本，从而降低了产品在市场中的竞争力。

　　建立托盘共用系统，降低企业产品的流通成本是大势所趋。以后，生产、流通企业不需要自己购买托盘，只需通过专门的托盘租赁公司来租赁即可。这样不仅节约了托盘的购买和维修费用，同时解决了托盘使用高峰与托盘使用低峰对托盘数量的需求不均衡问题。企业不必占用很多资金购买托盘以备高峰时使用，使托盘这个最基本的物流器具能够在全社会范围内流通，从而使企业的产品能更及时准确地到达最终用户的手中，为企业带来丰厚的回报。

　　再次，难以与国际规格接轨。由于目前托盘的规格标准不统一，我国的托盘大部分还不能与国际运输器具相匹配，例如国际通用的集装箱等。企业为了适应相关的国际运输工具，不得不向托盘生产企业订购与本企业周转使用规格不一致的托盘，从而增加了出口成本，降低了产品的国际竞争力。国内企业应该从周边国家，例如日本、韩国发展托盘的过程中吸取经验教训，少走弯路，使我国的托盘业走向规范化、专业化的发展之路，从而使托盘在物流系统中发挥更大的作用。

　　2017 年 10 月，国务院办公厅发布了《关于积极推进供应链创新与应用的指导意见》（国办发〔2017〕84 号）。意见指出，到 2020 年，要形成一批适合我国国情的供应链发展新技术和新模式，基本形成覆盖我国重点产业的智慧供应链体系。供应链在促进降本增效、供需匹配和产业升级中的作用显著增强，成为供给侧结构性改革的重要支撑。培育100家左右的全球供应链领先企业，重点产业的供应链竞争力进入世界前列，中国成为全球供应链创新与应用的重要中心。

国务院的《意见》一出台，一些中心城市便立即开始了行动。

上海市政府展开了供应链体系建设试点专项工程。作为仓储、运输单元的托盘，成为供应链体系建设的关键点。专项工作将"托盘标准化及循环共用"和"建立社会化的标准托盘共用体系"作为重点支持对象，大力推动上海市商贸流通领域内的标准托盘应用。

目前，国内标准化托盘的流通仍存在诸多问题，使得广泛普及标准托盘存在一些困难。比如，流通范围主要还是限于物流单元化的企业内部或供应链的小生态闭环内；还没有建成具有充分覆盖面、高效率的流通服务网络。究其原因，大概存在以下几方面的问题：首先，市场上的托盘质量差异巨大，缺少流通互换性；其次，托盘体积较大，周转运费较高，重复利用距离超出200公里便将失去经济性；再次，市场标准化配套不成熟，限制了标准托盘的普及；最后，托盘维护、维修、回收服务网点建设及托盘运输成本高，限制了标准托盘的流通。

由于标准托盘流通范围小，流通服务网络不完善，所以推动标准托盘及其服务网络共用化是关键。托盘循环共用需要依赖有足够密度的服务网络，服务网络建设和运营需要巨大投资，这既限制了中小企业进入，也抬高了托盘循环共用的成本。加之循环使用的托盘质量普遍高于一次性托盘，成本就更高了。这使许多用户宁愿购买一次性专用托盘。

降低托盘循环共用的成本，是标准化托盘流通的关键。因此，可以从两个方面着手。

第一，借鉴欧洲托盘协会（EPAL）的经验，建立托盘统一质量标准，为托盘共用互换奠定基础。

欧洲托盘协会致力于欧标托盘的推广应用，其主要工作有两个方面，一是组织制定托盘标准并推广应用；二是通过欧标托盘制造资格认定和托盘质量检验，控制欧标托盘质量。EPAL早期与欧洲铁路协会共同协作，在运输载具上统一行动，有力地促进了欧标托盘的应用普及。在托盘质量的管控上，EPAL的工作十分突出，实现了欧标托盘质量的统一性，使得欧标托盘使用寿命最长可达30年。

托盘质量是托盘流通的关键因素。政府应该组织建立或扶持行业组织制定统一的标准托盘工艺质量标准、等级分类标准；同时建立质量认证、监管体系。在托盘质量得到标准化认证后，可以推动市场组建联盟，实现不同运营商的托盘互换和共用，盘活托盘社会资源。托盘采用互换形式，可充分利用回程车辆资源，极大降低回收成本。

第二，鼓励"托盘维护、维修服务中心"共享，进而推动形成"托盘维护、维修"第三方服务的发展。

目前，各托盘运营商的托盘服务中心既是资源也是负担。如果实现共享，则可以极大地提高整个行业的效率，降低托盘的动态租赁成本。当"托盘维护、维修"及共享达成一定规模，应鼓励形成独立的第三方服务网络，推动"托盘维护、维修"向产业化方向发展。

政府号召相关企业要做托盘的标准化，目的很明确，就是要节约原材料，提高使用率，循环使用。

第四章 传承·塑造企业文化

第一节　企业文化究竟是什么

幸福的人总是相似的，不幸的人各有各的不同，成功的企业也一样。它们都有一个共同的特点，那就是企业文化都有其个性烙印。当然，企业文化并不是一成不变的东西，它将随着企业的发展而发展，随着企业的成熟而提升。

企业文化是企业的精神支柱和动力源泉，现代企业的竞争不仅是技术、管理的竞争，更重要的是企业文化的竞争。先进的企业文化是提高和增强企业核心竞争力的根本保证。在当前全球经济一体化进程不断加快的新形势下，加强企业文化建设尤显重要。

一个没有文化的企业是沙漠，不会有生机和希望。

我们认为"文化"应该是：被预先确定的、更深层次的、由组织成员分享的基本假定和信念。它是不以精确方式运行，被限定在一个"被认为是理所当然"的基本框架内，并且流行的一种组织观点及氛围。通俗地讲，一个企业的文化就是这个企业的灵魂，而这个灵魂的核心便是企业的老板。因为，企业老板个人的文化会直接影响企业文化，一个人的胸怀有多大，事业就有多大。

曹文洁刚从母亲那儿接手通联木器厂时，买进来的原木一立方米只有 300 元。做好成品卖出去，一立方米可以卖到 1500 元甚至 1800 元，利润高得离谱。

而现在，原木的价格每立方米已经高达 1000 元。做成箱子卖出去，一立方米的价格跟十多年前差不多，也是一千五六百元，利润几乎没有多少了。

问题来了，很显然，做木托盘看起来是不挣钱的，那么现在的新通联，它的赢利点在哪儿呢？

我们先把这个问题搁一旁，来讲讲一件对曹文洁的人生产生很大影响的事。那是新通联成为柯美供应商之初的事，因为新通联为柯美提供的纸箱印刷方面出现了错误，柯美总部便派了一个团队来帮新通联。这个团队的队长是个女的，大家叫她枫野小姐。枫野小姐每天都会出现在新通联无锡工厂的现场，跟新通联的员工一起发现问题，一起进行整改。

那段时间，曹文洁每天早上五点多钟就从上海的家里出发，八点前赶到无锡工厂，然后就陪着日本团队，听他们对现场和流程提问题，每天他们都会提出一二十个问题，一直到晚上八九点钟他们才离开。等他们离开之后，曹文洁再给自己的部下布置工作，然后才回家，回到上海都已经深夜十一二点了。第二天早晨五六点她又要出发赶往无锡。

就这样持续了两个多月。有一天午休时间，枫野小姐点了一根烟，然后就坐那儿边抽边哭。曹文洁被她这一举动惊到了，赶忙上前询问缘由。

枫野小姐哭了好一阵，然后擦了擦眼泪，看着曹文洁说："我在工厂现场天天帮你们整改，都快三个月了，还是不见多大起色，太让我伤心了。"

曹文洁当时的心情很难用言语形容。她望着枫野小姐，不知道说什么好，想安慰她，可是说不出来一句安慰的话。企业的主人是曹文洁，按说难过的应该是她，可这件事好像完全整反了，所以文洁才会不知所措。

事情过去很久后，曹文洁总算想明白了，日本这个团队其实是带着使命来的，也就是说，公司派他们来是要帮助中国企业整改提升，以达到他们要求的标准的。枫野小姐自然"压力山大"，看到改进效果不明显，所以才伤心得哭了。而曹文洁自己，对这件事重视不够，虽然天天起早贪黑陪着人家，但骨子里还是那种应付应付算了的想法。这也正是整改这件事长时间流于形式，没有实质性进展的根源所在。

日本企业对企业文化尤其对企业老板个人的管理理念，非常重视，其实那也是一种文化，或者也可以叫"老板文化"。日本团队上海调达部也意识到了这一点。工厂整改效果不明显并非枫野小姐等人工作不力，也非新通联无锡工厂方面不配合，问题根源应该在曹文洁身上。于是，日本团队上海总部的总经理米田先生找到了曹文洁。

这有点像"擒贼先擒王"的意思。

在做企业方面，日本人的耐心很值得我们学习。

之后的半年多时间里，日本团队上海总部的总经理米田先生每周五下午三点都会准时在办公室等曹文洁。他，还有他们的一位品质经理，一起给曹文洁上课，探讨企业管理上的各种问题，每次用时两个小时，到五点结束。她在很多方面都发生了改变，尤其是思想意识方面，这半年对她影响很大。她对自己在企业经营管理中存在的问题有了深刻的认识和反省。

在经营企业过程中，老板意识的改变比任何人都重要。

所以，常有人说，经营企业实际上就是经营老板文化。因为老板是企业的"领头羊"，是最高管理者和最终决策者，企业的其他高层管理人员也将受到老板的影响。只有老板拥有先进的文化思想，才能正确带领管理团队一起成为企业文化中的楷模。老板的思想直接影响其他管理者的管理方式，这就决定了企业的管理基础，而这个基础将会引导企业往好的或者坏的方向发展，老板的行为趋向还会影响整个企业全体成员的行为方式，并且这种影响不是简单的倍数增长，而是呈现出乘数效应。

曹文洁从1994年接手木器厂到2006年，12年间她实行的其实就是一种作坊式的粗放管理，把客户的业务订单接回来，按时完成、顺利交货，并且保证质量不要出问题。在此过程中人手不够就增加人手，设备不够就添置设备，经营管理根本就没有条理、没有章法。

2007 年到 2008 年，在一年半时间里，日本团队帮助曹文洁进行了 P-DOAS 的整改。她收益非常之大，真正明白了什么才叫管理。

2005 年，新通联的销售额达到 3000 多万元，2006 年是 9200 万元，到 2007 年销售额一下子突破亿元大关达到近 2 亿元，2008 年又做到近 3 亿元，连续几年每年以一个亿的速度增长。

日本四大"经营之圣"之一稻盛和夫，是全世界公认的优秀企业家，他的经营理念被很多企业主奉为圭臬。稻盛经营哲学最为核心的就是"六项精进"，他认为这是搞好企业经营、度过美好人生的必要条件。

稻盛和夫"六项精进"指的是：

一、付出不亚于任何人的努力；

二、要谦虚，不要骄傲；

三、要每天反省；

四、活着，就要感谢；

五、积善行，思利他；

六、忘却感性的烦恼。

人们常说，企业经营中，经营战略最重要，经营战术不可少。但稻盛先生却断言:"除了拼命工作之外,世界上不存在更高明的经营诀窍。"他在年轻时就提出了"六项精进"。在他看来,"六项精进"是搞好企业经营所必需的最基本条件,同时也是度过美好人生所必须遵守的最基本条件。

如果人们能够日复一日地持续实践这"六项精进",人生必将更加美好,美好的程度甚至超乎我们自己的能力和想象。稻盛先生说:"我自己的人生就是如此。"

2012年,曹文洁在中欧商学院认识了几位成功的企业家,他们当中就有人正在实践稻盛和夫的经营哲学,明确把追求全体员工物质和精神两方面的幸福放在第一位,极大地调动了全体员工的积极性和创造力,企业蒸蒸日上。拥有这般生气勃勃的企业团队也正是曹文洁梦寐以求的,从此,她便开启了学习稻盛哲学的道路。

她先后研读了稻盛和夫的《活法》《干法》《敬天爱人》《经营十二条》等著作。稻盛先生的观点是那么朴实、亲切,他讲的每一句话都似曾听过,就像一个父亲对自己孩子的谆谆教诲。以前,父亲也曾跟她说过一些这样的话:"不要给别人添麻烦,要关心他人、关心社会,要磨炼自己,不怕辛苦,做事要全力以赴。"这些话一直都在影响着她,帮助她走过了风风雨雨,让她感受到其中蕴含的巨大能量。

稻盛先生说:"无论是工作还是事业,只要动机纯粹就一定顺利。舍弃私心、为社会为世人的行为,谁也不能阻碍,而且一定会得到上天的帮助。"

2013 年，曹文洁参加了"稻盛哲学成都报告会"，近距离接触了稻盛和夫先生。稻盛的讲演，还有塾生们的发言，都深深打动了她。她突然明白，自己所遭遇的挫折也好、苦难也好，还有所面临的企业发展、个人成长，都是上苍给予的考验。每个人就是在这种考验中提升自己的人格，磨炼自己的灵魂，让自己能够对生活、工作和经营中的问题不断做出正确的判断。最后，让自己在人生谢幕时，人格高尚一点点、灵魂干净一点点。

一直以来，曹文洁对自己在事业和家庭的关系处理上，多少有些心怀愧疚，觉得自己把精力都放在了工作上，没能照顾好家庭。2014 年，在稻盛哲学杭州报告会上，有人向稻盛先生提出了一个问题："当你把大量的时间花在工作上时，你的家人是怎么看待的？"稻盛先生的回答解开了曹文洁的心结。他说：

"我把大量的时间花在事业上，那是大爱，是为了公司员工，为了社会，而家人是完全支持和理解的。"

是啊，曹文洁把大量的时间都花在了工作上，为公司员工谋福利，为社会创造价值，这就是她的爱。自己的女儿还小，将来长大了，她们一定会知道妈妈在做一件非常有意义的事情。她也希望女儿能和她一样，找到正确的人生道路，明确事业和人生的方向，为社会、为更多的人服务。

第二节　保护森林就是保护我们自己

那是 1996 年的事儿，时任国务院副总理的朱镕基到四川攀枝花视察。在途经雅砻江和金沙江交汇的三堆子时，看到江面的根根木材和两岸的满目荒山，他眉头紧锁，驻足良久，随后坚定地对随行的四川省委省政府负责人说："要下定决心少砍树多栽树，把'森老虎'赶下山。"

过了两年，也就是 1998 年，中国政府就作出了停止对长江上游、黄河上中游地区天然林的采伐，有计划地对东北地区的天然林实行禁伐和限伐，同时采取飞播造林、封山育林和退耕还林等手段尽快恢复林草植被的决定。并且，在云南、四川、重庆、贵州、陕西、甘肃、青海、新疆、内蒙古、吉林、黑龙江和海南等十二个省（区、市）开始了为期两年的试点。试点期间，国家共投入资金人民币 100 多亿。

政府在实施限伐政策的同时，鼓励林场生态转型并拿出了具体的补贴办法，比如林场职工每种一棵树，就可获得 20 元的补贴。一方面扩大了林木覆盖面积，另一方面又救济了林场职工。当时由于限伐，大批国有林场陷入困境，有 20 多万林场职工基本处于待业状态。

这原本是一件好事，但那时国家的补贴政策也没有完全落到实处，各地都出现了弄虚作假的现象。为了拿到国家补贴，有的人开始谎报数据，明明种了 100 棵树，却上报种了 1000 棵。另外，管理也没跟上，新种的树木成活率不高，也影响了林场职工种树的积极性。

1999 年底，国务院宣布实施天然林资源保护工程（天保一期工程）。次年 10 月，国务院正式批准了《长江上游、黄河上中游地区天然林资源保护工程实施方案》和《东北、内蒙古等重点国有林区天然林资源保护工程实施方案》，实施范围涉及长江上游、黄河上中游、东北地区、内蒙古以及新疆、海南等重点国有林区的 17 个省（区、市）的 734 个县和 167 个森工局。

随着以生态建设为主的林业发展战略的大力推进，国有林场木材产量大减，木材加工等项目受到挤压，职工收入明显减少，生活日益困难，国有林场陷入了"资源枯竭、经济危困"的境地。

从此，这艘标志着我国从以木材生产为主向以生态保护为主转变的绿色战舰扬帆起航，开启了中国保护天然林的万里征程。大江大河源头、生态脆弱地区的天然林得到严格保护。伐木号子

工人正在托盘生产车间作业

托盘车间

终成绝唱，油锯躺进了历史陈列馆，林区依靠采伐天然林维持生产生活的时代结束了。

后来，国务院又下发了《关于进一步做好退耕还林还草工作的若干意见》。到 2017 年，我国退耕还林工程已经实施了 17 年，累计投入退耕还林工程的资金达 4500 多亿元。通过退耕还林，工程区森林覆盖率显著提高，过去荒山秃岭、水土流失、风沙肆虐的面貌得到明显改观。退耕还林工程实施以来，我国累计完成退耕还林任务 4.47 亿亩，工程区森林覆盖率平均提高了 3 个百分点以上，工程建设取得十分显著的生态成果。通过实施退耕还林，不仅可以加快国土绿化步伐，维护国家生态安全，绿色的森林还是财富的宝库，通过国家直补、发展经济林木等方式，农民增加了收入，用绿水青山换来了金山银山。

随着新通联的发展，曹文洁也在不断思考企业与社会的关系。他们这种做纸木包装加工的企业，与森林资源有着直接关系，理应承担起合理利用、节约资源的责任。

曹文洁参观过瑞典、丹麦、加拿大、美国等国家的相关行业和企业，了解了不少发达国家在保护和利用森林资源方面的做法。森林作为可再生资源，合理利用不仅不会破坏自然，更可以促进环境改善。树木是改善碳循环的重要方式。生长过程中，树木会吸收二氧化碳，将其固化，直接利用木材几乎没有碳排放。木材包装，是最低碳的包装方式，对环境保护的意义远远优于其他材料。但如果违背了森林自然更新的规律，无序消耗，则会破坏环境，走向反面。因此，建立积极的森林资源保护观念非常重要。目前，世界上的木材出口国大多是发达国家，如瑞典、加拿大等，甚至日本也是。他们的做法为我们提供了很好的示范。

通过学习了解发达国家的做法，曹文洁的视野得到了拓展。2009 年，她筹建成立了中国第一家木材展示馆——木览坊。

木览坊内陈列着曹文洁从全球各地搜集来的珍稀木材，以及低碳环保型的国内外包装实物，如饮料瓶再生制成的服装，以利乐包为原料制成的长椅、办公用品，用瓦楞纸制作的现代家具……

木览坊以"树是人类的朋友""低碳包装"为主题，向人们展示树木的生长过程，树木、包装与人类的关系，以及数百万年来森林资源的演变等。在普及树木知识的同时，引导人们关注环境变化，注重森林资源的开发与保护。作为一个公益项目，木览坊长期免费向公众开放。目前，它作为上海市闸北区青少年教育基地，还承担着青少年科学知识普及、环境保护教育的任务。

每一个去木览坊参观的人，曹文洁都会建议他们将耳朵贴在馆内那几棵十米多高、树龄超过 400 年的长白山鱼鳞松树干上，据说这样能听到树芯干燥过程中发出的"哔剥"声。但那声音真的很微弱，若不屏息静气，很难听到。

曹文洁用这种方式向人们讲述树和人类之间的故事，同时，表达她对大自然这份恩赐的敬畏和感恩。

回顾自己经营企业的历程，曹文洁体会颇多，每到关键时刻，她都会让自己安静下来，倾听内心。那时，冥冥之中就会有一个微弱的声音传来，指引她做出抉择。

美国著名的管理学大师史蒂芬·柯维（Stephen R. Covey）是影响美国历史进程的二十五位人物之一，曾被美国《时代周刊》誉为"思想巨匠""人类潜能的导师"。他说过这样一段话：

"我们每个人内心都有一种渴望，渴望过有所贡献的生活。听到心声，就找到了方向。心声让你知道什么是正确的，并敦促你行动。心声来自四个方面：你的天赋才能、你的激情所在、你感受到的需求，以及你的良知——来自灵魂的轻微声音。"

木材展示馆中陈列的展品

小学生们正在参观木材展示馆

第三节　木材的循环使用

在积极承担环境教育义务的同时，新通联在木材循环使用方面也积极与高校、科研机构及国内外专业协会展开合作，探索发展模式。新通联将欧洲托盘协会引入企业平台，在获得欧标托盘生产资质的基础上，学习欧洲托盘循环共用的先进经验并在中国推广。

新通联业务约有一半是木包装，全部应用于物流服务，每年销售近 500 万只木托盘，以每 20 只托盘用木料 1 立方米计算，全年要消耗约 25 万立方米原木。显而易见，这对环境造成了非常大的负担。对任何一家企业来说，这件事都是一个不得不正视的问题。

高喊口号不如付诸行动。保护环境和节约木材，对新通联来说，不只是一句口号和想法，而是落到实处的做法。他们向客户推出了标准托盘循环共用业务，即以客户制造中心为核心，为其

不断提高托盘品质

工人在车间作业，运送托盘

供应商及成品物流提供标准托盘租赁服务。客户可以随时租用，内部共用，异地归还。这样做的结果是，新通联的销售收入减少了，但却节约了木材消耗和客户的托盘购置成本。2014年推出这一项目，初步估算已节约原木消耗4500多立方米，为客户降低成本至少25%。未来，新通联计划投入几十万只标准循环托盘，预计每年可以减少数万立方米原木消耗。

功夫不负有心人。新通联付出的努力得到了客户的积极响应，也得到了国家的认可。2014年，新通联被商务部、标准委列为首批推进物流标准化项目30家重点企业之一。

这件事令曹文洁感到无比自豪和激动，新通联是木包装行业唯一入选的企业，也是唯一一家入选的民营企业。就像稻盛先生所说的那样：求利之心是人开展事业和各种活动的原动力，这种欲望无可厚非。但这种欲望不可停留在单纯利己的范围内，也要考虑别人，考虑社会，要把单纯的私欲提升到追求公益的"大欲"的层次上。新通联将这一点确立为企业发展的责任。这也坚定了曹文洁走IPO之路的信心，通过募集资金推动公司"一站式"包装服务和物流标准化托盘循环共用系统在全国的建立，让新通联发展成为一个公众企业，承担起更多的社会责任。

成品木托盘

新通联生产托盘所用到的木材

进一步了解木托盘

一、木托盘及其加工过程

木托盘，顾名思义，就是以天然木材为原料制造的托盘。木托盘是目前世界上使用最广泛的托盘。

（一）选材

木托盘的原材料一般都是松木，如红松、樟子松等。木材原料根据地方的不同，材质也不一样。例如南方木材，因为气候湿度大，木材的水分比较多，因此生产的木托盘在重量和防腐方面性能比较差；而北方气候干燥、湿度小，木材干燥，所以用这里的木材生产的托盘容易开裂。

目前我国北方常见的木托盘用材基本有以下几种：

1.硬杂木类：木质硬度大，用于托盘制作的锯材以榆木、桦木、槐木、柳木等最为常见。其纹理致密，木质硬而沉，承重性好，但少有大型材，价格适中。

2.杨木类：材质疏松而软，耐用性差，适于制造承重要求不高的托盘。

3.松木类：纹理粗实、木质硬、价格适中，是制造托盘的常用材料之一，多用于制造精细包装物，价格较高。

（二）烘干

选择好木托盘的原材料之后，一定要经过干燥处理，进行有效的脱水，消除它的内应力，使得木材在加工制造过程中不会因为潮湿而产生病虫。干燥处理过的木材不容易变形开裂，从而影响木托盘的质量。

（三）切割、抛光

经过干燥处理之后，主要就是木材的加工了，使用裁板锯进行切割，用平刨机进行刨光、断头，确保木材的光滑性，在选用完合适的木材以后，还要进行打蜡、精加工，确保它的使用质量达到最佳。

（四）精加工

木材经过刨光之后，就是深加工处理了，需要使用砂光机等进一步处理，加工为成型彩板块。然后，采用具有防脱功能的射钉将成型材板钉成半成品托盘。

迄今为止，在全球范围内使用最为广泛的依然是木质托盘，因为其价格便宜，而且结实。

另外，木托盘大体有两个流向，一是国内，一是国外，也就是出口。出口木托盘的材料、尺寸、结构、重量等，都有严格要求，尤其是重量。比如国内常用的松木、杂木、杨木、杉木等，同样的尺寸，在其他所有条件都相同的情况下，杉木最轻，松木最重。一般来说，出口木托盘的重量越重，说明承重率越好，但是如果超过一定的重量，在某种程度上又是一个麻烦。出口木托盘的重量与其结构、材质、水分相关，一般800mm×1200mm的四面进叉承重一吨左右的托盘重量在15～20公斤，具体重量要看尺寸大小。同一个托盘，新定制的托盘要相对重一些，因为有水分，时间久了，自然就变轻了。

通常情况下，传统木托盘（规格1000mm×1200mm）大约有25公斤重，而传统塑料托盘则是15公斤左右。

二、托盘的种类

根据材质的不同，托盘可分为木质托盘、钢制托盘、塑料托盘、纸质托盘及复合托盘等。木托盘是现在使用最为广泛的托盘。木托盘又分为实木托盘（杨木、松木、杂木等）和胶合板托盘（免熏蒸托盘）。

（一）托盘的分类

1.通用托盘

通用托盘使用范围最广，利用数量最大，通用性最好。通用托盘又可细分为三种类型：

（1）根据台面分类。有单面型、单面使用型、双面使用型和翼型等四种。

（2）根据叉车叉入方式分类。有单向叉入型、双向叉入型、四向叉入型等三种。

（3）根据材料分类。有木制托盘、钢制托盘、塑料托盘、复合材料托盘以及纸制托盘等五种。

（二）柱式托盘

柱式托盘分为固定式和可卸式两种，其基本结构是托盘的四个角有钢制立柱，柱子上端可用横梁连接，形成框架型。柱式托盘的主要作用，一是利用立柱支撑重量物，往高叠放；二是可防止托盘上放置的货物在运输和装卸过程中发生塌垛现象。

（三）箱式托盘

箱式托盘是四面有侧板的托盘，有的箱体上有顶板，有的没有顶板。箱板有固定式、折叠式、可卸下式三种。四周栏板有板式、栅式和网式，因此，四周栏板为栅栏式的箱式托盘也称笼式托盘或仓库笼。箱式托盘防护能力强，可防止塌垛和货损；可装载异形不能稳定堆码的货物，应用范围广。

（四）轮式托盘

轮式托盘与柱式托盘和箱式托盘相比，多了下部的小型轮子。因而，轮式托盘显示出能短距离移动、自行搬运或滚上滚下式的装卸等优势，用途广泛，适用性强。

（五）特种专用托盘

由于托盘作业效率高、安全稳定，尤其在一些要求快速作业的场合，能够突出托盘的重要性，如油桶专用、轮胎专用等。

三、托盘的规格

在全球范围内投入使用的托盘应该有成千上万种不同的规格。但是，现行的国际标准只有六种尺寸。

从国际贸易的角度来看，每一个国家利益集团都希望其他国家采用自己的托盘标准，以便于本国的货物能够充分利用他国的物流设备和设施，低成本地进入他国市场，而不愿意为他国改变托盘标准、进而改变产业标准分担任何代价。所以，一个国家一般不会轻易改变本国的托盘尺寸标准。从商品贸易的角度来看，托盘标准是一种贸易技术壁垒，能够起到增进商品出口或者保护国内市场的作用。

欧洲之所以要统一木托盘规格是遵从了循环经济的理念。欧标木托盘也称 EPAL 木托盘，采用实木为原材料进行制作，无论是从尺寸、木材的种类，还是木材本身的水分都有统一的标准，甚至对托盘制作过程中使用的钉子大小和数量都有统一的要求。欧标托盘的适应性特别强，这点主要体现在它特有的商业价值上。它可以重复使用，对欧美地区的进口商来说具有重大的商业价值和意义，既可以直接转交给下一个客户继续使用，又可以与其他欧标托盘进行交换，循环使用，既降低了成本又节约了原材料，经济社会价值显著。

那么，欧标木托盘又有哪些具体特点呢？

欧标木托盘在托盘角墩上印有 EPAL 和 EUR 标志，中间角墩上盖有IPPC消毒处理标志,但是现在国内能够盖齐以上三枚印章的出口厂家并不多,大部分只盖有IPPC标志。那么,什么企业才能有EPAL标志呢?要想获得EPAL托盘执照,需要向EPAL提出申请,经确认有相应的能力并经过独立的通标质检机构检验才能核发(检验机构是变化的,目前在中国是中检集团,即CQC)。执照有效期为一年,每次期满前都需要重新审定。每一批产品都必须通过严格检验方能出厂。托盘在循环使用中,用户会按照统一的标准判定托盘是否需要维修或淘汰。

由于目前托盘的规格标准不统一,我国的托盘使用不能与国际运输器具相匹配,例如国际通用的集装箱等。企业为了能适应相关的国际运输工具,不得不向托盘生产企业订购与本企业周转使用规格不一致的托盘,从而增加了出口成本,降低了产品的国际竞争力。

标准托盘按照规格可分为两种:

800mm×1200mm,适用于欧洲大陆,如德国、法国。

1000mm×1200mm,适用于英国、德国、荷兰、芬兰。

近年来,物流学界对中国托盘标准选用有两种不同的主张:一种是主"长"派,主张中国选用1000mm×1200mm长方形托盘国际标准;另一种是主"正"派,主张中国选用1100mm×1100mm正方形托盘国际标准。

目前,中国已经成立了两个关于托盘的专业机构,分别为中国物流标准化技术委员会和中国物流与采购联合会托盘专业委员会。两个机构一起组织和协调了中国托盘标准的修订工作。现在，中国国家标准已经出台，GB/T2934-2007 对托盘尺寸做了明确规定。

第四节　智能 环保 未来

中国的物流行业总体现状是"三低一高"，即产业集中度低、标准化程度低、运营效率偏低、运营成本偏高。

2015 年 3 月 5 日，李克强总理在政府工作报告中提出：要制定"互联网 +"行动计划，推动移动互联网、云计算、大数据、物联网等与现代制造业结合，促进电子商务、工业互联网和互联网金融健康发展，引导互联网企业拓展国际市场。随后，国务院于 2015 年 6 月份印发了《关于积极推进"互联网 +"行动的指导意见》，"高效物流"成为"互联网 +"中的 11 项重点行动之一，而托盘作为"高效物流"的基本物流单元，也将与"互联网 +"相融合；2017 年 8 月，《国务院办公厅关于进一步推进物流降本增效促进实体经济发展的意见》出台，《意见》指出，加快推广标准托盘，发展单元化物流，促进物流提质增效。

2018 年 1 月，商务部、发展改革委、工业和信息化部、财政部、交通运输部等 10 部门联合印发了《关于推广标准托盘发展单元化物流的意见》，指出托盘作为物流集装单元器具，广泛应用于生产和流通领域，推广应用标准托盘（指 1000mm×1200mm）、发展单元化物流，是降低物流成本、提高流通效率的有效措施。

2018 年 4 月，商务部等 8 部门联合发布《关于开展供应链创新与应用试点的通知》，支持企业运用现代物联网技术和思维，按照全球化的战略布局，以全球供应链为发展方向，构建商流、信息流、物流、资金流相协同的现代物流综合服务体系。

托盘作为整个物流行业的重要组成部分，是进行机械化装卸的不可替代的工具，发展空间巨大。

一个国家的托盘拥有总量是衡量其物流现代化水平的标志之一。随着中国物流标准化、智能化程度的快速提升，未来 10～15 年，中国托盘使用量每年将以超过 20% 的速度增长。按照日本和美国物流行业的发展经验，专家预测，到 2030 年中国人均国民收入达到或超过 1.5 万美元时，托盘使用量将达到人均 3 个的水平，即中国的托盘使用总量将超过 40 亿个，成为总量超过美国的第一托盘使用大国。

目前，国际国内市场仍以木托盘为主。木托盘最大的优点是材料易得、加工简单便利、成本低廉。但是随着中国经济的发展，木材短缺的问题越来越突出。在国家强调可持续发展的战略背景下，在全世界木制托盘仍占较大比例，缺乏替代材料的情况下，中国唯有大幅度减少一次性木制托盘产量，增加可循环利用的木制托盘，大量采用可回收技术和托盘维护、维修技术，提升木托盘寿命，才能大幅减少木材消耗。

2014年国家林业局下发了木材零砍伐政策，木材供应量大幅减少。另外，塑料托盘产业污染严重、耗费能源。因此，开发低成本、多功能、可循环利用的智能环保托盘必将是未来物流产业发展的必然趋势。

根据十三部委全国现代物流工作部级联席会议的要求，由中国物流与采购联合会牵头，国家开发银行、国家信息中心等机构共同发起建设的"全国智慧物流平台"项目，将推动托盘共享系统的全面、快速发展。

中国物流与采购联合会、北京大学协同创新研究院等机构经过一年多的沟通协商，拟围绕智能环保托盘的研发和制造共同打造产业集群，其中包括设立智慧物流产业基金、建设年产1200万个的智能环保托盘生产基地（含北斗芯片技术应用）、共享托盘物流大数据中心、循环经济产业园区及科研机构等项目。

托盘标准化的目的和意义

　　国务院印发《物流业发展中长期规划（2014 — 2020 年）》，部署加快现代物流业发展，建立和完善现代物流服务体系，提升物流业发展水平，为全面建成小康社会提供物流服务保障。

　　2013 年，全国社会物流总额为 197.8 万亿元，物流业从业人员为 2890 万人。到了 2016 年，全国社会物流总额 229.7 万亿元，物流从业人员超过 5000 万人。这些数据反映了我国物流业发展的状况。随着物流总额的增长，就业人数增长迅速，由此也可以看出，我们的物流业采取的依然是"人海战术"，物流运输信息化、智能化水平并不高，物流模式仍处在高成本、低效率的状态。

　　物流成本居高不下，其中最关键的原因就是托盘标准化程度低。试想，每种货物或每家企业都按自己的标准来使用托盘，那么托盘的种类、规格数量可能达到成千上万种，与托盘配套使用的机械设备也要随之匹配。这些都是成本，都是浪费，也是装卸及运输速度效率不高的原因。

物流业不断发展，人们对货物的运输速度、产品质量、来源信息等各方面的要求也越来越高。另外，随着经济全球化进程不断推进，物流国际化是必然趋势。

托盘的标准化是现代物流一个不可忽视的重要环节，托盘标准化的应用水平是现代化物流发展的重要标志，也是迅速提高运输效率、实现资源优化配置、控制物流管理过程的有效手段。

制定托盘标准的目的是由托盘产品功能的目的性决定的。托盘作为物流业中最为基本的集装单元和搬运器具，是传统物流向现代物流转变过程中，将静态货物转变为动态货物，提高供应能力、缩短供应时间、改善服务质量、实现机械化操作的基础。

我们先谈谈托盘标准化的目的：

首先，用托盘标准来规范和控制物流过程。只有在托盘标准化的基础上，才能实现托盘一贯化作业，使得生产企业、物流企业、批发企业、零售企业和用户之间的物流更加顺畅流通，从而提高物流效率，降低物流成本。

其次，用托盘标准来整合物流过程中的"不标准"。由于托盘具有重要的衔接作用、大范围的应用性和举足轻重的连带性，在装卸、搬运、保管、运输和包装等各个物流环节的效率化中处于中心的位置。托盘的标准化有利于物流企业整合与标准托盘相关的物流设备、设施乃至物流信息系统。

最后，用托盘标准来推进托盘产业的发展，逐步引导国内更多的物流企业使用标准化托盘对货物进行有效集装，从而有效推动国内托盘的标准化进程。

再谈谈托盘标准化的意义：

从托盘标准对国民经济的现实意义及其贸易价值的角度看，实行托盘标准化的意义主要体现在以下几个方面。

第一，托盘标准化是物流产业最为基础的标准，托盘的标准化直接决定了物流标准化进程和现代物流产业的运作成本，有利于改善物流服务质量，促进中国物流企业的健康发展。

第二，托盘标准化可以实现物品包装的单元化、规范化和标准化，保护物品，方便物流和商业流通。

第三，实现托盘联运和机械化作业，提高效率。既可以有效避免人工搬运造成的货物损毁，也可以避免货物未能有效集装所造成的计数差错。

第四，有利于降低全社会物流成本，大大提高搬运效率和使材料流动过程有序化，在降低生产成本和提高生产效率方面起到巨大作用。

第五章　展望·用信念承担起企业责任

第一节　企业家的精神

做任何事情，只要出发点是好的，结果一定不会太差，甚至会有意外的惊喜。新通联推出木托盘循环利用业务，首先考虑的是客户的利益，出发点是如何为客户省钱，并没想过自己赚钱的事儿。结果，在整个包装行业业务不景气的情况下，新通联的业绩反而以每年 20% 的速度增长。

其实，有很多事，连曹文洁自己都没想到。20 多年前，她接手的是一个只有 100 多名员工、濒临倒闭的企业；20 多年后，它却变成了一个拥有 1000 多名员工、年销售额达 6 亿元以上的现代企业。

面对这一切，曹文洁心里涌现出来的除了欣喜，更多的是感恩。

2015 年，新通联成功上市，曹文洁的事业也走向了更加广阔的天地。

一般情况下，我们总是将事业与家庭对立起来，好像干事业就无法顾及家庭，顾及家庭就没法干好事业。这种固有的观念，有人用"鱼与熊掌不能兼得"来诠释，认为两者不可能都做到圆满。

事实真的是这样吗？

我们来看看曹文洁是怎么做的。她一手经营着企业，一手培养了两个女儿，企业成长了，女儿也成人了，而且，她又一次收获了爱情，好像什么都没耽误。然而，为了这一切，她所付出的努力，常人是无法理解的。她相信："人生有两次生命，一次是肉体的出生，一次是灵魂的觉醒。当你觉醒时，爱和幸福就会降临到你的头上。"曹文洁的人生就是这样。

2014年，曹文洁的大女儿大学毕业，顺利进入了全球四大会计事务所之一的德勤会计事务所工作。小女儿在包玉刚中学就读初中预备班。

曹文洁看着大女儿踏上工作岗位，似乎在她身上隐约看到了自己的身影。女儿健康向上的精神面貌令她欣慰。她想起父亲对自己的教育，要做正值、勤奋、善良的人。或许天底下所有父母对自己的孩子都是这么教育的。稻盛和夫先生说，作为人"何谓正确"这种判断标准，是以人类与生俱来的良心为基础的最基本的伦理观和道德观。"不要贪婪""不能欺骗""不许撒谎""必须正直"等，任何人都在孩提时代接受过父母或老师这样的教育，是任何人都懂的作为一个人理应遵守的简单而纯朴的道理。

从小到大父亲都是她学习的榜样，她也希望自己在女儿心目中是正直、勤奋、善良的，成为女儿学习的榜样。她更希望女儿也能干出一番自己的事业。

当她看到身边一些"富二代"纸醉金迷的样子，想想自己的成长之路，她坚信正确的人生观、价值观，是引领一个人走向成功的指路明灯。

现在，她的信念明确而坚定，要率先垂范，以身作则，在事业上做好员工的榜样，在人生中做好女儿的榜样。

一直以来，"利他"是她内心里始终坚守的一个信念。

从古时候的"童叟无欺"讲求诚信的经商之道，到现代社会的"爱岗敬业、遵纪守法、艰苦奋斗；创新发展、专注品质、追求卓越；履行责任、敢于担当、服务社会"。企业家精神经历了不同历史时期的时代变迁，经历了从无到有的文化积淀和观念转变。

习近平总书记指出："我们全面深化改革，就要激发市场蕴藏的活力。市场活力来自于人，特别是来自于企业家，来自于企业家精神。"

那么，到底什么是企业家精神呢？

第一，企业家必须具有工匠精神。

"工匠精神"落在企业家层面，可以认为是企业家精神。首先，创新是企业家精神的内核。企业家通过从产品创新到技术创新、市场创新、组织形式创新等全面创新，从创新中寻找新的商业机会，在获得创新红利之后，再继续投入，促进创新，形成良性循环。其次，敬业是企业家精神的动力。有了敬业精神，企业家才会将全部精力投入到企业中，才能够把创新当作自己的使命，才能使产品、企业拥有竞争力。最后，执着是企业家精神的底色。在经济处于低谷时，其他人也许选择退出，唯有企业家不会退出。

第二，创新是企业家精神的灵魂。

著名的美籍奥地利经济学家约瑟夫·熊彼特提出了企业家是从事"创造性破坏"的创新者这一观点，凸显了企业家精神的实质和特征。一个企业最大的隐患，就是创新精神的消亡。一个企业，要么增值，要么就是在人力资源上报废，创新必须成为企业家的本能。创新精神的实质是"做不同的事，而不是将已经做过的事做得更好一些"。所以，具有创新精神的企业家更像一名充满激情的艺术家。

第三，冒险是企业家的天性。

没有甘冒风险和承担风险的魄力，就不可能成为真正的企业家。企业创新风险非此即彼，要么成功，要么失败，企业家没有第三种选择。在美国 3M 公司有一个很有意思的说法："为了发现王子，你必须和无数个青蛙接吻。""接吻青蛙"常常意味着冒险与失败，如果你害怕失败，那就什么也别干。试想一下，1939年在美国硅谷成立的惠普，1946 年在日本东京成立的索尼，1976年在中国台湾地区成立的 Acer，1984 年分别在中国北京、青岛成立的联想和海尔等众多企业，如果它们的创始人没有敢为人先、第一个跳出来吃螃蟹的冒险精神，也就不会有这众多企业的今天了。

第四，合作是企业家精神的精华。

尽管那些成功的企业家表面上常常是一个人在表演，但真正的企业家其实是擅长合作的。而且，这种合作精神需要扩展到企业的每个员工。企业家并不是无所不能的超人，但应该努力成为"蜘蛛人"，要有非常强的"结网"能力和意识。中国有句古话叫"三个臭皮匠，胜过诸葛亮"，指的就是合作带来的智慧和力量。

第五，敬业是企业家精神的动力。

马克斯·韦伯在《新教伦理与资本主义精神》中这样写道："这种需要人们不停地工作的事业，成为他们生活中不可或缺的组成部分。但与此同时，从个人幸福的观点来看，它表述了这类生活是如此的不合理：在生活中，一个人为了他的事业才生存，而不是为了他的生存才经营事业。"货币只是成功的标志之一，对事业的忠诚和责任，才是企业家的"顶峰体验"和不竭动力。

第六，学习是企业家精神的关键。

荀子曰："学不可以已。"学习与智慧相辅相成，从系统思考的角度来看，从企业家到整个企业，必须要持续学习、全员学习、团队学习和终生学习。日本企业的学习精神尤为可贵，他们向约琴夫·M.朱兰学习组织生产；向彼得·德鲁克学习市场营销及管理。同样，美国企业也在虚心学习，企业流程再造和扁平化组织，正是学习日本的团队精神结出的硕果。

不断加强技术研发

通过学习交流不断改善经营方式

第七，执着是企业家精神的本色。

英特尔总裁葛洛夫有句名言："只有偏执狂才能生存。"这意味着在遵循摩尔定律的信息时代，只有坚持不懈地创新，以夸父追日般的执着，咬定青山不放松，才可能稳操胜券。在发生经济危机时，资本家可以用脚投票，变卖股票退出企业，劳动者也可以退出企业另谋生路，企业家却是唯一不能退出企业的人。正所谓"锲而不舍，金石可镂；锲而舍之，朽木不折"。

第八，诚信是企业家精神的基石。

诚信是企业家的立身之本，企业家在修炼领导艺术的所有原则中，诚信是绝对不能摒弃的原则。没有诚信的商业社会，将充满极大的道德风险，显著抬高交易成本，造成社会资源的巨大浪费。诺贝尔经济学奖得主弗利曼指出："企业家只有一个责任，就是在符合游戏规则下，运用生产资源从事利润的活动。亦即须从事公开和自由的竞争，不能有糊弄与欺瞒。"

第九，做好服务者也是一个企业家应有的精神。

我们每个人都是服务者。企业战略咨询师贾长松说过："头顶着天，脸贴着地。"这就是在真切地告诉每一个企业家，一定要服务好你的每一个客户。"如果你不好好服务你的客户，别人会愿意代劳。"

纸箱拼装

装运木托盘

第二节　企业的社会责任

　　企业不只是经营单位，还是社会文化单位。它的生产经营活动和整个社会相联系，不仅承担着为客户提供产品和服务的功能，其活动还具有更加广泛的社会、道德意义。因此，对于企业来说，其使命至少包含了两个方面的内容：一是企业为了自身的生存和发展，必然要以实现一定的经济效益为目的。二是企业又担负着全社会赋予它的使命，要为社会的繁荣、发展和人类进步尽到它的义务。

　　企业是在一定的社会环境中从事生产经营活动的，其行为必然会对社会产生各种影响。企业的社会性决定了企业在同社会其他成员进行经济交往时，既要受自然规律的支配，又要遵守法律和社会道德，承担相应的社会责任，与社会一道解决就业、社会保障、环境保护、资源短缺等问题。

　　企业的社会责任可以从下面几个方面来认识：

第一，企业最重要的社会责任就是为社会提供优质的产品、优质的服务，出人才、出经验，这是企业最大的成果。企业出了好产品，出了好成果，就增加了社会的就业，因为社会就业是靠人均购买力上升而增加的，是靠销售增长而增长的。也就是说，就业靠就业扩大。企业发展了，不仅能够增加自己的就业人数，更能增加社会就业。

第二，企业必须重视经济增长的质量。今天在我国，经济增长的质量比经济增长本身更重要。现阶段，保持高速增长问题不大。一个企业要把生产搞上去，总有办法。但这是不够的，一定要考虑经济增长质量。经济增长质量中最重要的是不断降低资源消耗量，改善环境质量。如果只顾数量上去而使资源消耗量扩大，就违背了社会责任。因为资源和环境是我们和子孙后代共享、共用的。

是的，没错，无论什么资源，都是我们和子孙后代共享公用的，环境也是一样。曹文洁深深意识到，企业做得越大，承担的社会责任也就越大。这是合理又合情的。

在托盘标准化和循环利用这条道路上，文洁将率领新通联走在最前列，在行业里起到领头羊的作用。

1999 年，曹文洁找到欧洲托盘协会。她专门在公司设了一个办事处，为他们提供免费的办公室，共同致力于推动中国的托盘标准化事业。

对文洁这种做法，也有一些同行并不认同。他们认为，托盘标准化之后，集装箱的装载率会降低，从而对企业造成损失。所以，他们宁愿继续使用老规格的托盘。

文洁认准的事儿，无论如何都会坚持做下去。她先从整合行业入手，比如电脑行业。她推动联想、Apple、惠普等企业的供应商使用一定规格尺寸的托盘，并且连托盘一起验收。这些电脑企业销售出去的产品，也开始使用这些托盘。接着，她又对复印机行业的托盘进行整合，如理光、施乐、佳能、柯尼卡美能达、京瓷等，为他们提供标准化的托盘。

文洁希望以自己的微薄之力，去影响她的客户，让他们认识到托盘标准化的重要性并逐步开始使用标准化托盘。经营企业多年，文洁有一个体会：企业要发展，必须与时代合拍，融入时代潮流，跟国家的宏观战略相吻合。

组织员工开展公益服务

"利他"公益活动

标准化并非绝对化

一提起托盘标准化，人们头脑中就会立刻闪现出将全国的物流托盘规格统一起来的画面，这其实是一种误解。准确地说，托盘标准化是指对可参与社会化流转使用的那部分托盘，进行大小规格统一的行为。如果某些企业的托盘不参与社会化流转使用，那就完全没有必要受大小规格统一的制约，更无须受制作精度要求的制约。其实原因也很简单，可以从以下几个方面理解：

首先，通常托盘标准的制定，要参照集装箱标准以及运输车辆标准。目前，中国的标准托盘尺寸有两种，一种是1000mm×1200mm，另一种是1100mm×1100mm，而国际通用标准托盘体系里还有欧标和美标。欧标尺寸为800mm×1200mm，美标为40in×48in（大于国标1000mm×1200mm的托盘）。应该说，我国制定的两个托盘标准，一方面参照了集装箱尺寸和车辆尺寸，一方面也兼顾了国际标准以及日韩标准。

现在，我国主要推广 1000mm×1200mm 标准托盘，这种托盘刚好可以并排放进"新 GB1589 标准"规定的车厢内。不过，这种托盘对于内径 2350mm 的集装箱就不适合了。相对来说，1140mm 规格的非标托盘反而更适合 2350mm 规格的集装箱。我国现有的托盘标准都属于推荐性标准，不是强制实行的标准。所以，托盘标准要适应车辆标准，在和车辆这种强制性标准的匹配上，不能过于强调托盘标准的核心作用，应该尊重和适应车辆的相关标准。

其次，托盘标准的制定，要考虑向下兼容仓储设施以及商品的包装尺寸。我国制定托盘标准及相关物流装备标准时，一般都会参考欧美等国家的做法。据了解，在成熟的欧标体系下，仓库货架都要跟随托盘标准化。这样一来，系统的自动化设备才能完全与所有装备衔接，顺畅运行起来。托盘在物流包装设计中起到的是承上启下的作用。大多情况下托盘还不是最小的包装单元，它往往需要承载更小的周转箱或者一次性销售包装，这也存在相互匹配和兼容的问题。问题的根源在于整个的单元化包装体系缺乏系统的设计模数。

那么，什么是设计包装模数呢？通俗讲，就是根据单元容器的尺寸确定商品包装的若干尺寸的一个参考值。比如，一件商品，要放到 1000mm×1200mm 的托盘上运走，必须将商品等分为若干个小包装，这些尺寸的小包装加起来，刚好够存放一整托盘。如何计算，是设计师的事情，但是道理很明显，那就是设计师也必须以 1000mm×1200mm 的尺寸设计包装。事实上，除非商品受到属性和出口国家、地区的规则方面的限制，否则，企业一定会采用最通用的标准进行包装设计。因此，托盘标准的制定，还必须考虑商品的属性问题。这是标准化推广的根源问题。

比如，烟草行业使用 1250mm 规格的托盘，这在行业内部非常普及，虽然非标，但它在行业内已经形成了循环利用，这些都是托盘标准化无法回避的问题。另外一个方面，托盘的规格还需要考虑到人工作业的问题。在自动码货还没有普及的情况下，托盘上的货品还需要人工码垛。很多制造企业也会把整托的零部件直接送上生产线，取用零部件也要靠人工。如何减少人的劳动强度，方便作业，也是托盘适应性的一个问题。在这方面，欧洲的 800mm×1200mm 标准托盘就具有优势，工人只在托盘的一个侧边就可以完成整托货物的操作，不需要绕到另外一边。

再次，托盘标准化还要考虑整个供应链。除了标准的制定和推广外，标准化还与托盘应用的行业、领域、企业的供应链水平有关。托盘标准化的前提是应用企业的上下游要达成共识，形成有效的协同机制，建立起供应链合作伙伴关系，才能使托盘流通起来。

所以，站在托盘流通的立场上，与其说我们是为了推广托盘标准化，不如说是我们在顺应供应链标准化的需求。因此，托盘标准化并不是让所有的托盘都用一个标准，或者标准越高度统一越好，而是让托盘能够流通起来，没有闲置，这样才能达到高效。在制造业里流行的循环取货，就是基于"送水"原理，可以更形象地说明让托盘流动起来的重要意义。

例如，有一位小区居民在某纯净水公司订购了送水服务，约定每隔一天上门送水；接下来，纯净水公司的配送人员，每隔一天就会送一桶水上门。配送员除了把装满纯净水的桶子送到客户家中，走时还要带走客户家里的空桶；当配送员送完这个片区所有订购的桶装纯净水后，收获的将是同等数量的空桶。

在这个例子当中，水桶就如同我们的托盘。带板运输，循环共用模式跟"送水"是一样的。总之，只要与客户达成配送协议，这一配送规则和标准化运作方式将促成更加高效的配送。那么，标准化也就不存在推广的难题了。

不可否认，托盘适应标准化应用的行业是有所限制的。一些特殊商品不能用托盘承载，一些形状特异的商品不可用标准化工具运输，那就要考虑特定行业的装载工具标准化。总之，忽视托盘的重要性和过于以托盘为核心看待标准化问题，推进标准化，这些做法都不是很合适。托盘的标准化其实就是物流基础装备的标准化，要想推动它，行业主管部门和相关企业不但要了解标准化，还要了解企业应用的需求和供应链特征。毕竟物流效率的提升是一个系统工程，从装备上下游兼容性、商品包装以及供应链协同的角度看问题，才更利于问题的解决。

第三节　百年企业的灵魂

　　十九大报告中提到，营造企业家健康成长环境，弘扬优秀企业家精神，更好发挥企业家作用，对深化供给侧结构性改革，激发市场活力，实现经济社会持续健康发展具有重要意义。报告中还提到打造更多百年企业。这让曹文洁想到很多，企业和国家究竟是一种怎样的关系呢？这个问题很难用一两句话做出答复。但是，她认为有一点是肯定的，即企业与国家休戚与共，企业的寿命跟国家的命运紧密相连。

　　有这样一个古老的传言：灵魂离开躯体，人就会结束生命。既然谈到企业的寿命，那么，它就应该是有生命的。那企业的灵魂又是什么呢？

　　如果将资金、人、产品、市场等这些实实在在的、决定企业命运的东西比作灵魂，当然不是很合适。

　　在百年企业的漫长历程中，这些东西都受到过挑战。企业可

准备员工福利

组织员工团建活动

以借钱渡过困境，企业可以更换老板而不衰，企业可以更换产品仍保持活力，企业可以在不同的市场寻求发展……还有许许多多的因素对企业至关重要，但要说哪个因素与企业同生同止，唯有企业文化。

在一些人看来，大多数小企业是没有企业文化的。但事实上，只要它是企业，就不可避免地受到一些观念的影响，而这些观念就是一种文化。因此，大多数小企业不是没有企业文化，而是没有意识到自己已经有了某种企业文化。既然企业文化是企业的灵魂，那就如同人的灵魂一样，有高尚的、有卑劣的、有激昂的、有消沉的、有求新的、有保守的……无论灵魂怎样，只要企业存在着，灵魂就必定存在着，因为有灵魂才有生命。虽然每一个企业都有企业文化，可是企业间的文化又存在着巨大的差别，这些差别主要是：卓越的公司有着卓越的企业文化，因为它重视并致力于公司的发展；一般的公司有着一般的企业文化，因为它还没有足够地重视、正确地培育和有效地利用企业文化；差的公司连自己都没有意识到自己的企业文化，制度混乱、效率低下、人员懒散等都是一种文化，一种事实上存在的文化。

日本企业在第二次世界大战后飞速发展，引起全球关注，让原本以理性管理自豪的美国也不得不正视。日本的成功恰恰得益于理性管理所忽视的管理软因素，其中最重要的就是融入企业的文化。企业文化毫无疑问是日本企业的灵魂。也许正因为此，身处其中的日本人没有怀疑过它的作用，同时也没有正视过它的存

工人们的早读活动

2017 年 3 月新建成的新通联闵行工厂

在，一个忙于成长的正常人更不会停下来思考——灵魂是怎么一回事。但是重视研究的美国却不一样，在略带挑衅传统的痛苦中，它最终勇敢地率先提出了企业文化一说。

有人调查过日本最著名的 100 多家企业，发现它们都很重视企业精神的培育。日立公司有"和、诚、开拓"的日立精神；卡西欧公司有"创造与奉献"的卡西欧精神；丰田公司有"好产品、好主意、彻底节俭"的丰田精神。在美国，托马斯·彼得斯和小罗伯特·沃特曼也认真地分析了美国 43 家优秀企业，发现它们的管理风格完全不同，而决定管理风格的正是优秀的企业文化。

曾有西方学者将管理比作漂浮在大海中的冰山，组织结构、规章制度等有形管理仅是露出水面三分之一的冰山，而企业文化等无形管理则是隐在水中的三分之二。企业文化在管理中扮演着重要角色，不仅占有重要的份额，更是管理的根部。但作为灵魂，这还不够，企业文化在企业的各个层面上发挥着作用，贯穿于企业的整个经营活动。企业文化主要体现在企业的四个层面上，即企业精神、企业制度、企业作风和企业形象。

欧洲托盘协会进入中国

说到托盘的循环利用，必须提到欧洲托盘协会。

欧洲托盘协会（the European Pallet Association），简称 EPAL，1991 年由德国铁路协会、法国铁路协会等铁路协会共同发起成立，旨在制定、监测欧洲托盘的标准。欧洲托盘协会是核发 EPAL 托盘生产执照的唯一机构。目前，它的成员遍布整个欧洲，在美国和澳大利亚亦有协会成员。

EPAL 通过独立的检验体系，与欧洲各铁路协会携手，共同维护欧标托盘在欧洲范围内的质量保证与质检水平。欧洲托盘协会的托盘并不仅限于在欧洲循环使用。欧标托盘根据 IPPC 及 UIC 的规定制定标准，使得欧标托盘可以在世界范围内循环，各成员皆同意便捷的托盘流通，即"托盘换托盘"。一个重要的发展趋势是，托盘的生产成本将不再仅仅由某一个私人或某一个公共机构来承担，而是由购买托盘的最终用户来分摊，托盘将被赋予商业价值，以达到物流成本最优化的目的。

　　EPAL托盘采用实木制成，对托盘的规格尺寸，承载能力，木材的种类、湿度，托盘钉的规格、外观都有统一规范的标准要求，符合IPPC及UIC规定。EPAL托盘在托盘的几个部位和托盘钉头上都有特定的标志，每一批产品都必须通过严格检验方能出厂。托盘在循环使用中，用户会按照统一的标准判定托盘是否需要维修或淘汰。统一的标准，严格控制的质量控制体系，保证了EPAL托盘能够在全世界范围内安全使用并便捷顺畅地流通。

　　当初，德国的托盘使用也跟中国目前的情况差不多，托盘也都是由客户自行定制，规格大小不一，没有统一标准，无法循环使用，浪费十分严重。德国政府一贯对资源浪费采取零容忍态度，于是托盘标准化和循环利用成为亟待解决的问题。德国政府部门出面召集海陆空各相关单位商量，要求解决托盘标准化的问题。经过研究，他们制定出八种不同规格的托盘，要求用户必须在这八种规格里选择使用，然后再根据这八种规格的托盘，统一货架、统一集装箱、统一空运、统一海运。

　　欧洲标准托盘的优势如下：

　　第一是商业价值。可重复使用的欧标托盘对欧美地区的进口商来说具有重大的商业价值，既可以直接转交给下一个客户继续使用，又可以与其他欧标托盘进行交换。

　　第二是功能性。许多欧洲仓库和物流公司都具备自动搬运系统，它们只接受真正的、通过正式检验的欧标托盘。如果使用其他托盘运送货物，会造成巨大的成本和时间损失，因为用其他托盘运输的货物在到达这些公司时，必须更换成欧标托盘方可入库。在欧洲，大部分高价值或危险品货物都由这些具有高端设备的公司处理。

第三是低税率。根据欧盟制定的减少包装废弃物的法令，欧盟国家对于不可再利用的托盘会征收很高的包装废物处理税，而欧洲标准托盘无疑不在此列。

第四是管理制度。在非营利性机构欧洲托盘协会（EPAL）的严格管理之下，欧洲标准托盘的制造和维修在全世界都遵循统一标准，能够确保长期、安全使用。

第五是国际标准化组织（International Organization for Standardization，简称 ISO）认证。欧洲标准托盘是获得 ISO 认证的六种托盘之一。

那么欧洲标准木托盘又有哪些特点呢？标准的欧洲标准木托盘是上面角墩上印有 EPAL 与 EUR 标志，中间角墩上盖有 IPPC 消毒处理标志。不过，现在出口托盘上面印章盖这么完整的厂家并不多，大部分只盖有 IPPC 标志。

在欧洲，规格在 2000mm 以上的托盘，企业可以自主选择，2000mm 以内的托盘，必须使用标准托盘，否则拒载。由政府出面协调解决托盘标准化问题，整个行业很快就规范起来了，这带来诸多好处。首先就是原木使用率提高了，什么样的材料切割成什么样的尺寸，都有规范标准，由电脑自动控制，极大地降低了木材浪费。

托盘标准化同时又延伸出托盘租赁、托盘回收、托盘修理等行业。托盘的管理也科学化了，每个托盘都装上了芯片，芯片可以告诉你这个托盘是哪家工厂制造的、是在什么时候制造的。同时，你也可以跟踪它，托盘流转到哪儿了一查就知道。总之，所有关于托盘的相关信息都在芯片里。这样的托盘可以跟踪使用30年。

第四节　把新通联打造成幸福大家庭

　　企业为社会创造价值，而员工则是企业的根本、企业的生命。企业在服务社会的同时，一定要服务好自己的员工，在为员工创造物质财富的同时，还要让员工获得精神上的幸福。曹文洁就是这样想的，一直以来也是这样实践的。

　　人生的意义是什么？当我们离开这个世界时，我们的灵魂应该比出生时进步一点点。人活一世，并非参加一场享受的盛宴，而是经历一次灵魂修炼的道场。只有不断拂去遮蔽爱与良知的灰尘，才能成就幸福人生。正是基于这样的幸福观，曹文洁立志将新通联建设成一个所有员工都可以共同提高心性的道场。

　　2013 年 10 月 6 日，新通联正式启动了"幸福企业"建设项目，将"弘扬传统文化，追求全体员工物质和精神两方面幸福"确立为公司使命。"幸福，不是为了自己，而是为了社会、为了世人做有意义的事情，并对此感到骄傲和自豪。"

曹文洁认定："人生有两次生命的诞生，一次是肉体的出生，一次是灵魂的觉醒。当觉醒时，你将不再寻找爱，而是成为爱，创造爱，而这份爱首先要给到的就是你身边的人，就是我们可亲、可爱的员工们。"她希望每一位新通联人，在这个大家庭中，不仅可以创造、收获物质财富，更可以获得精神和灵魂的成长，得到幸福的体验。

新通联"幸福企业"建设项目设计了包含人文关怀、人文教育、绿色健康、志工活动和人文真善美五大模块的幸福企业建设体系，带领员工去探索幸福的未来。

第一是人文关怀。在人文关怀上，公司主要开展的工作有：

1.每年年底公司直接寄给员工父母500元孝金，由公司替员工尽一份孝心。

2.为子女年龄在14周岁以下的外地妈妈，设置了每年为期14天的"留守儿童带薪探亲假"，让妈妈们都能放下手头工作，踏上回乡之路与孩子共度快乐的14天。

3.每年中秋，公司为员工父母寄送月饼，员工寄送感恩家信。

4.集中组织为每位员工过生日，用生日感恩，引导员工思考正确的人生意义。

第二是人文教育。就是以"幸福企业"精神鼓舞人、带动人；以传统文化为基础，宣扬孝亲尊师、关爱他人，带动全体员工树立受益终身的价值观、人生观。持续开展以传统文化为

员工们在开展学习活动

员工足球比赛

内容的教育培训，公司先后聘请复旦大学、百家讲坛、中欧商学院的知名教授为员工讲授《孝经》《弟子规》《了凡四训》等经典。在管理层中开展"稻盛哲学"学习。引导员工"积善行，思利他"。

第三是绿色健康。公司积极开展全民健身活动。在员工中组建了足球队、羽毛球队，每年开展运动会；推出健康低碳餐，引导员工健康饮食，戒除吸烟等不良习惯。

第四是志工活动。积极开展志愿者活动。志愿者既是推动"幸福企业"建设的核心力量，也是"人文教育"的传播者和受教育者。为践行"利他文化"，增进员工"付出"幸福体验，公司组建了志工活动小组。新通联的志工不仅为企业内部活动提供支持和服务，也积极参与周边社区活动。

第五是人文真善美。就是用影像和文字记录幸福企业建设过程中的点点滴滴，让喜悦的笑容和感动的泪水在全体员工中传播，弘扬爱的正能量。公司专门开辟了幸福宣传栏，新通联季刊、年刊，生日会记录，人文典范报道，优秀员工先进事迹宣传等栏目，展示在企业及员工身上体现出的正能量和真善美。

随着"幸福企业"的导入，员工们发生了悄悄的变化，相互关心多了，工作生活的热情也不断高涨。

2014年11月，公司里一位员工不幸罹患白血病。在得知这一消息后，全体员工纷纷伸出援手，在短短几天时间里就募集了12万多元的善款。员工间涌动的真情与爱，令人感动。

员工集体生日会

员工拔河大赛

2015 年的迎新年会上，公司组织了一场全员参与的演出活动。组织五个单位，以身边发生的好人好事为素材，用小品的形式宣导公司的"五个核心"价值观。"五个核心"价值观的内容是：用心服务、规范求真、创造价值、爱己达人、共生共修。

在这次演出中，员工们用真情实感，在舞台上重现了发生在自己身边的故事，深深感动了台下的家人，演员们自己也都感动到落泪。曹文洁也哭了，她是被现场的气氛感染的。在那一刻，她真切感受到新通联这个大家庭被善良和温暖紧紧包围着，整个演出现场洋溢着幸福和欢乐。

曹文洁相信，幸福的员工是创造幸福企业的基础。同时，她也希望让员工们懂得关爱他人、自利利他的道理。除了以身作则之外，她还与员工们一起动脑筋想办法，通过更多喜闻乐见的形式，把大家的真善美激发出来，让他们同企业一起成长。只要大家齐心协力，付出不亚于任何人的努力，就一定能够创造一个让员工幸福，同时能够为社会创造更大价值的企业。

尾　声

　　20 多年光阴似箭，新通联犹如一只展翅飞翔的凤凰，在中国改革开放的时代潮流中，一飞冲天。

　　现在，让我们简单历数一下新通联近些年来所取得的成绩和殊荣：

　　2013 年被中国检验、检疫协会评为"全国诚信企业"。

　　2014 年被国家工商总局评为全国"守合同　重信用"企业。

　　2015 年 5 月 18 日，新通联成功登上 A 股市场，成为中国木包装行业第一家上市公司。

　　2017 年公司被中华全国总工会授予"全国五一劳动奖状"。

　　……

　　历经 20 多年的风风雨雨，从一个不足 100 人的村办木器厂，发展成为现如今员工超过 1000 人的现代企业；从一个年销售额

曹文洁

面向新的未来

只有300多万元的乡镇企业，成长为年销售额超过6亿元的上市公司。新通联从小到大，从弱到强，谱写了一曲时代发展的华章。新通联掌门人曹文洁也在这铿锵而又优美的时代华章里，不断淬炼，愈发成熟美丽，演绎了一个农家女孩蜕变为优秀企业家的感人故事。

曹文洁庆幸自己生逢新时代，成为中国改革开放40年的亲历者和见证者，更是参与者和奉献者。

成绩只能代表过去，未来依然任重道远。

经济全球化对世界经济产生了巨大影响。在经济全球化的大背景下，中国企业将有更大的想象空间和发展空间，同时，也面临着前所未有的挑战和机遇。那么，曹文洁和她领导的新通联做好准备了吗？

答案是肯定的。

1994年，曹文洁从母亲手里接过通联木器厂的接力棒，开始